Helmut Vester

Birkenfelder Theologen
während der Reformation
und im 19. Jahrhundert

Lektorat und Layout Ulrich Ludwig

Bibliografische Information der Deutschen Nationalbibliothek:
Die Deutsche Nationalbibliothek verzeichnet diese Publikation
in der Deutschen Nationalbibliografie; detaillierte bibliogra-
phische Daten sind im Internet über http://dnb.dnb.de abrufbar.

© Dr. Helmut Vester, 75217 Birkenfeld
Lektorat und Layout: Dr. Ulrich Ludwig, 75173 Pforzheim
Herstellung und Verlag: BoD – Books on Demand, Norderstedt
ISBN 978-3-7448-1027-2
Print in Germany 2017

Helmut Vester

Birkenfelder Theologen während der Reformation und im 19. Jahrhundert

Chronik der Gemeinde Birkenfeld aus der Sicht der Pfarrer

Nachruf für Pfarrer Seeger

Martin Kügelin aus Birkenfeld

Vorwort

Viele Birkenfelder haben von der Christlieb-Chronik schon gehört oder gelesen. Pfarrer Heinrich Christlieb amtierte hier von Mai 1823 bis September 1838. Er war 26 Jahre alt, frisch verheiratet, als er hier seine erste selbständige Stelle antrat. Vor seiner Birkenfelder Zeit war er in Murrhardt als Pfarrverweser tätig gewesen. 1838 wurde er Dekan in Heidenheim und von 1845 bis 1871 übte er das gleiche Amt im Kirchenbezirk Ludwigsburg aus. Zwei Jahre nach seiner Pensionierung starb er dort im Alter von 76 Jahren. Er ist auch Autor einiger theologischer Schriften. So findet sich zum Beispiel im Internet die Kopie des Buches „Christliche Trostbibel".

Als erster uns bekannter Birkenfelder Autor beschrieb nun Christlieb in dieser Chronik in einem gründlichen Anfangskapitel die Topographie Birkenfelds, die Pfarrei und die Geschichte des Ortes im Überblick. Im Hauptteil, den Annalen, finden sich Jahr für Jahr die Ereignisse im Dorf. Christlieb hatte so begonnen, und hinterließ seinen Nachfolgern die Aufgabe, diese Jahreschronik fortzuschreiben. Neben amtlichen Papieren entstand so ein buntes Bild des Ortes: die Kirche und die Kirchgänger, Kirchen- und Gemeinderäte, die Schultheißen, Schulen und Lehrer, Kinder und Jugendliche, Beruf, Einkommen und Armut, Wetter und Brandstiftungen, Ereignisse in der Umwelt.

Ernst Gottlieb Mayer, Christliebs Nachfolger (1839-1852), folgte dessen Beispiel: besonders interessant liest sich, wie weit die 1848er Revolution im Dorf ankam. Pfarrer Mondon (1852-1862) war leider häufig krank und konnte seinen Teil nicht liefern; so wurde die Folge unterbrochen. Erst Pfarrer Eduard Straub 1875-1878 griff die Chronik wieder auf und beschrieb mit Hilfe von Erzählungen der Bürger und mit vorhandenen amtlichen Schriften die fehlenden

Seiten (1854-1874). Danach folgte sein Bericht über seine eigene kurze Erfahrung (1875-1878) in Birkenfeld und als Schluss (von da bis 1897) Carl Hugo Seeger, der nach Zuffenhausen abwanderte.

Soweit eine Vorstellung des Inhalts. Alle diese Texte waren handgeschrieben – von verschiedenen Menschen mit einer Reihe von unterschiedlichen, aber immer schwer lesbaren Handschriften. Die damalige Handschrift ist nicht zu vergleichen mit der heutigen. Wer noch Sütterlin gelernt hat, könnte sie lesbar finden. Allerdings kommt dazu, dass es keine einheitliche Grammatik gab und auch keine einheitliche Rechtschreibung.

Rektor Engelhardt hatte schon einige interessante Stellen in der Birkenfelder „Ortsgeschichte" aufgegriffen, doch die gesamte Chronik schien mir so bedeutend, dass es wichtig wäre, sie in die moderne Druckschrift, soweit möglich, umzuschreiben und als kleines Buch zu veröffentlichen. Der Text ist, soweit er lesbar war, wörtlich wiedergegeben; erhalten blieb die originale Rechtschreibung – mit wenigen Ausnahmen, etwa die heutige Verwendung von „-ß" und „-ss". Inhaltlich schwer verständliche Begriffe ließen sich in der Regel als Fußnote oder bei einem unbekannten Wort mit einer eckigen Klammer [ ] im Text erläutern. Fragezeichen weisen auf solche Stellen hin.

Der zweite, kleinere Teil des Buchs ist dem Birkenfelder „Martin Kügelin", einem Theologen (gest. 1559) gewidmet. Nach seinem Studium in Tübingen war er ab 1532 Theologieprofessor an der Universität in Freiburg. In den grundsätzlichen Fragen seines Lebens ist er durch Engelhardt bekannt gemacht. Mir lag es jedoch am Herzen, mehr über sein Leben und Wirken zu erfahren. Die Veröffentlichung der Christlieb-Chronik legte es nahe, den Text dieses nicht unbedeutenden Birkenfelders anzuhängen.

Inhaltsverzeichnis

falls 1864

[unleserlich] Mai 1860

Beschreibung &

Chronik

der

Pfarrei Birkenfeld

(angef. im J. 182? von
Pf. M. [unleserlich])

I.

Beschreibung des Schwarzig Birkenfeld.

1. Topographie.

Das Pfarrdorf Birkenfeld liegt nach v. General
Stab von Württemberg unter dem 48° 52′ N.Br.
2 26° 19′ O.L., nach Lurilard Karte dagegen unter
48° 53′ N.Br. 2 26° 22′ O.L. so bildet einen Theil
der nord westlichen Gränze von Württemberg 2 ist auf
drei Seiten von badischer Markung eingeschlossen.

+ von Obermut Neuenbürg
mit der legten Angabe stimmt besser
seine Beschreibung von Kurz, und
danach die 3 Laf. Ph. Laat zu 48°
54′ u. C. 2 zu 26° 25′ O.L. an
gibt.

Das Dorf ist am nördlichen Rande des Schwarzwalds
auf dem östlichen Abhang eines flachen Hügels erbaut
2 überschaut aus seiner Besthöhe herum der freund
lich hügelthal bis nach Pforzheim, von welchem es $\frac{5}{4}$ Stun
den, so wie von Neuenbürg eine Stunde entfernt ist.

Zu dem nicht unbeträchtlichen Flächen gehört die, eine
Viertelstunde entlegene Zingelfüll, an der Straße von
Neuenbürg nach Pforzheim, ferner die Mahlmühle an
der Enz, ebenfalls eine Viertelstunde vom Ort entfernt

3

9

Chronik der Gemeinde Birkenfeld
(angefangen im Jahr 1825 durch Pf. M. Christlieb)

I. Beschreibung der Pfarrei Birkenfeld

1. Topographie

Das Pfarrdorf Birkenfeld liegt nach v. Gammers Karte von Württemberg unter dem 48° 42' N.Br. und 26° 19' O.L., nach Kauslers Karte vom Oberamt Neuenbürg dagegen unter 48° 53' N.B. und 26° 22' O.L. Es bildet einen Teil der nordwestlichen Grenze von Württemberg und ist auf drei Seiten von badischer Markung eingeschlossen.

Das Dorf ist am nördlichen Rand des Schwarzwalds auf dem östlichen Abhang eines freien Hügels erbaut und überschaut aus seinen Obstbäumen hervor das freundliche Enztal bis nach Pforzheim, von welchem es 5/4 Stunden, so wie von Neuenbürg eine Stunde, entfernt ist.

Zu dem nicht unbeträchtlichen Flecken gehört die eine Viertelstunde entlegene Ziegelhütte an der Straße von Neuenbürg nach Pforzheim, ferner die Mahlmühle an der Enz, ebenfalls eine Viertelstunde vom Ort entfernt und gerade auf dem Punkt erbaut, wo die Enz das enge, wilde, wald- und bergumkränzte Schwarzwaldtal verlässt und in eine weitere, lichtere und freundlichere Ebene eintritt. Endlich gehört noch zu Birkenfeld die Schwarzlochsägmühle an der Enz, nicht weit über der Einmündung des Grösselbachs in die Enz, fast Dreiviertelstunden von Birkenfeld und nur eine Viertelstunde von Neuenbürg. Während die Mahlmühle und die Ziegelhütte das Eigentum ihrer Bewohner sind, gehört die Schwarzlochsägmühle nicht dem Säger, der sie bewohnt und betreibt, sondern für jetzt dem Schulmeister Roth in Neuenbürg, dem Adlerwirt Meeh von da, dem Schultheißen Reichstetter von Waldrennach, den Bauern Friedrich Glauner und Jakob Seufer von Obernhausen und dem Rössleswirt Schuhmacher von Gräfenhausen.

Die Markung des Orts ist sehr beträchtlich. Sie erstreckt sich, die württembergischen Markungen der Orte Engelsbrand – in alten Urkunden Englischbrand –, Neuenbürg, Gräfenhausen und Obernhausen und die der badischen Ortschaften Dietlingen, Brötzingen und Büchenbronn berührend, in ihrer größten Länge von dem Grösseltale bis in den Schönbühel-Wald, fast zwei Stunden lang. Auch auf den benachbarten Markungen haben die Birkenfelder ansehnliche Güter, z.B. Wiesen jenseits der Enz auf Büchenbronner und den Oerlach-Wald [Erlach] auf Dietlinger Markung. Ja ihre meisten und trefflichsten Weinberge liegen auf der Markung des badischen Orts Dietlingen und keltern ihren Wein in einer nur für die Birkenfelder bestimmten badischen Freikelter, aus welcher der Wein ohne Zoll ins Badische und ins Württembergische ausgeführt werden darf.

Das Klima von Birkenfeld ist ziemlich mild, besonders in Vergleichung der nahe gelegenen Wald- und Bergorte; doch ist – der Weinstock ausgenommen – alles später als in Brötzingen oder Dietlingen, selbst als in Obernhausen, was wohl in der höheren, den scharfen Winden weit mehr ausgesetzten Lage Birkenfelds seinen Grund hat.

Die Temperatur von Birkenfeld scheint nach meinen Beobachtungen über den Barometer- und Thermometerstand fast mit den von Stuttgart, nach den im Schwäbischen Merkur angegebenen Barometer- und Thermometerständen, übereinzustimmen, nur dass sich der höheren Lage wegen die Dünste in der Luft hier bälder in Schnee verwandeln als in

11

Stuttgart, der auch wegen der heftigen, kalten Winde hier länger liegen bleibt.

Ihren Boden teilen die Birkenfelder in weißen und roten. Zu diesem rechnen sie alles Feld, das rechts oder südöstlich von dem Fußweg nach Obernhausen, im Gründle genannt, vom Flecken selbst und dem Städichbuschweg nach Brötzingen liegt. Dieses rote Bodenfeld halten sie mehr als 3-mal so hoch wie das weiße, das schwereren, mageren Boden hat und sehr viel mehr Dünger bedarf. Der erstere gehört unter die sehr fruchtbaren, der zweite unter die mittelmäßig fruchtbaren Böden.

Die Produkte dieses gedoppelten Bodens sind sehr mannigfaltig. Das Hauptprodukt ist der Wein, der in der Tiefenbach ziemlich gering, in den Blochweinbergen und der Neureut mittelmäßig, in der Kempf dagegen und ihren Umgebungen sehr vorzüglich wächst und in besseren Jahren an Geschmack und Geist nicht leicht einem Weine Württembergs nachsteht. Der Ackerbau wird nach der Dreifelderwirtschaft betrieben, nämlich im ersten Jahr säen sie Dinkel, hie und da auch Roggen, hier Korn genannt, in den Acker, im zweiten Haber, im dritten bleibt er brach liegen oder wird gewöhnlich über den Sommer gebaut, d.h. mit Erdbirnen, Hanf, Erbsen usw. bepflanzt. Gerste wird wenig gebaut, ebenso Flachs und Kraut. Nach der Dinkel Aernte werden Rüben in die Stoppeln gesät, die jedoch nicht immer geraten, übrigens von gutem Geschmack sind. Die Obstbaumzucht, die sehr beträchtlich ist, wird mit jedem Jahr wichtiger und ausgedehnter. Schade, dass fast kein Birkenfelder mit dem Pfropfen, besonders der Kirschbäume, umzugehen weiß und die Fleckenbaumschule so klein ist. Von vorzüglicher Güte sind die sogenannten deutschen Kartoffeln, die im roten Boden wachsen und von den Neuenbürgern und Dietlingern sehr geschätzt werden. Ein großer Teil des Bodens ist in gute Wiesen verwandelt, die größtenteils gewässert werden, ein anderer Teil trägt Eichen, Buchen und Forchen. Endlich liefert der Boden noch Leimen [Lehm], Kalk und den in der ganzen Nachbarschaft verbreiteten roten Sandstein zum Bauen.

Der Flecken selbst zählt 289 meistens schlechtgebaute Häuser und Scheunen und mit den Wittwen 240 Bürger. Die Straßen und Wege außerhalb des Orts sind – Dank sei es dem Eifer des gegenwärtigen Schultheißen Christian Dittus! – nunmehr ziemlich gut hergestellt. Dagegen sind die Gassen noch immer voller Morast, den die Einwohner durch Laub, Stroh und dergl., das sie auf die Straße zetteln, absichtlich zur Besserung ihrer Felder zu vermehren suchen. Trotz des Überflusses an Morast fehlt es dem Orte in heißen Sommern an Wasser. Die Brunnen vertrocknen bis auf den einen am Rathaus, der so spärlich läuft, dass das Wasser bei Tag und Nacht bewacht wird, wie es z.B. 1823 und 1825 geschah. Es wurden zwar im Jahr 1823 und 1824 zwei Versuche gemacht, neue Quellen zu entdecken, und auf den Gütern rechts und links von dem sogenannten Burgwege lange und tief gegraben, wiewohl ohne allen Erfolg. Ersprießlich wären die steinernen Trottoirs an den Häusern, wenn sie besser erhalten würden. In ihrem gegenwärtigen Zustand sind sie – besonders des Nachts – mehr schädlich als nützlich.

Unter den öffentlichen Gebäuden ist die Kirche das schlechteste, das Pfarrhaus allein in gutem Zustand. Am nordöstlichen Ende des Dorfes fast tiefer als alle übrigen Häuser, einige Schritte vom Pfarrhaus, steht, einer alten Kelter gleich, die kleine steinerne Kirche mit ihrem jämmerlichen Turmhäuschen. Ich kann es nicht Turm nennen, indem es unten zwar ein massiver steinerner Turm, oben aber nichts anderes als ein gewöhnliches Häuschen mit Dachläden und einem

13

langen Hausdach ist.[1] Die Sakristei ist finster, kalt und feucht und hat immer eine ungesunde Zugluft. Das Inwendige der Kirche entspricht dem Ganzen. Die Dielen des Bodens sind ganz verfault. Der Gang auf die Kanzel wäre für manchen wohlbeleibten Pastor zu eng. Die Orgel, noch das beste Stück der Kirche, erst 1825 repariert und gestimmt, steht auf ebenem Boden im Chor. Überdies fehlt es der Kirche und dem Turm an der Hauptsache: beide sind zu klein. Die Kirche hat nicht Raum für alle Einwohner und der Turm ist zu niedrig, als dass im oberen Dorf Läuten und Schlagen gehört werden könnte.

Von Antiquitäten ist wenig zu sehen. In der Kirche sind noch 3 Grabsteine, auf welchen die Schrift noch mehr oder weniger kenntlich ist. Der erste bildet die Schwelle von der Sakristei in die Kirche herunter. Auf dem Rand liest man den Spruch Hiob 19, 25 SCIO QUOD REDEMTOR – ET IN CARNE MEA VIDEBO DEUM. Auf dem Stein in der Mitte stehen 2 Wappenschilder, davon das zur Linken eine Lilie zwischen 4 Kreuzen, das zur Rechten aber ein A und das Zeichen Psi enthält. Nach der Jahreszahl 1600 liest man mit großen lateinischen Lettern: Auf den VI Oktober, als man zählt nach unseres einigen Erlösers Jesu Christi selig machenden Geburt MDCVIII, ist in Christo Jesu seliglich entschlafen weiland der Ehr – das Übrige, leider die Hauptsache, bedeckt

---

[1] Original: Mehrere Birkenfelder haben die närrische Meinung, dass dieser lange breite Turm ein Zeichen sei, dass sie dem Pfarrer keinen Obstzehnten geben dürfen, den sie, sobald das Turmdach spitzig gemacht werde, abzureichen schuldig seien.

die Kanzeltreppe.[2] Auf dem Grabstein links vom Altare ist noch zu lesen: Anno Domini

anno domini 𝗷𝗹𝘂𝗷𝟵 IST Alhier der Ehrwirdig her Wendel bolt (?)– Mestern PFARRER in Birkefeld –

Noch weniger vermochte ich die alte gotische Inschrift des Grabsteins hinter dem Altar zu entziffern. Nur die Worte brachte ich heraus – HERR ANNES (vielleicht ANDRES) – PFARHER zu Birkenfeld. In der Sakristei befinden sich in der östlichen und südlichen Ecke 2 kleine Schildchen, auf deren ersterem das Wort ages – vielleicht agnes – noch mit Mühe zu lesen ist. Oben am Gewölbe, wo die Spitzbögen zusammenlaufen, befindet sich ein Wappenschild mit folgenden Zeichen:

Den gleichen Fehler, wie die Kirche, hat der Kirchhof; er ist, obgleich erst anno 1797 erweitert, zu klein. Schon nach 12 Jahren muss ein Leichnam seinen letzten Fleck Erde einem neuen abtreten, und ich selbst sah einen noch ganz unbeschädigten Sarg mit den Gebeinen herausgegraben. Auch ist der Kirchhof zu nahe an den Wohnungen, besonders am Pfarrhause.

Ein würdiges Seitenstück zur Kirche ist das Schulhaus. Gottlob! dass doch zwei Schulzimmer vorhanden und Schulmeister und Provisor abgesondert lehren können! Auch sind die

---

2 Ein Foto des Grabsteins mit der genauen Umschrift und seine Geschichte findet sich in der Birkenfelder Ortsgeschichte S. 143 f. Nicht ganz deutlich ist sein Fundort „hinter dem Altar" beschrieben. Der Grabstein, vor der letzten Renovierung der heutigen Kirche am alten Totengräberhäuschen auf dem Friedhof angebracht, ist dort leider fast vollständig verwittert.

Schulzimmer, außer dass sie auch zu klein sind, freundlich, luftig und hell. Dagegen ist für den Schulmeister schlecht gesorgt. Eine einzige, gar nicht große Stube mit einer Schlafkammer daneben ist sein ganzer Wohnraum. Für den Provisor ist noch eine Kammer da und eine für die Magd. Die Küche ist finster, der Keller fehlt ganz, desgleichen auch die Scheuer, statt deren eine alle Regeln der Symmetrie verspottende Holzhütte dem Schulhaus gegenüber angebracht ist.

Ziemlich leidlich ist das Innere des Rathauses, das Äußere dagegen, besonders die Steintreppe, trägt traurige Spuren von dem Zahn der Zeit.

Statt eines Zuchthäusleins werden 2 greuliche Löcher, eines unter der Rathaustreppe und das andere unter der Treppe des Tobias Ilg auf dem alten Lindenplatz gebraucht.

Die beiden Keltern gehören der württembergischen und der badischen Regierung, weswegen die Birkenfelder von ihren Weinen den Achten, statt den Zehnten, geben.

Der Flecken besitzt auch ein Waschhaus im oberen Dorfe an einer Pfüze, der Teuchel-See genannt.

Das Pfarrhaus war noch im Jahre 1820 eine baufällige Spelunke, in der sich mancher Bauer zu wohnen geschämt hätte – ohne Wahl das schlechteste im Königreich. In diesem Jahr wurde es bis auf die der Kirche zugekehrte Seite niedergerissen und geräumiger und bequemer aufgebaut, so dass es zwar immer noch klein, doch artig und freundlich genug ist. Auch muss ich der Gemeinde, welcher das Haus gehört, das Zeugnis geben, dass sie ohne Weigerung noch manches Nötige auf meine Erinnerung nachholte, z.B. das Gipsen des Cabinets am Wohnzimmer, die Aufführung eines neuen Abtritts, das Graben einer sogenannten Dohle im Keller, die das Wasser unter dem Pfarrgarten fort ausführt, eine Klingel, ein Türchen im Kamin zum Räuchern und dergl. Nur der Keller ist klein und nicht tief genug.

So gering auch der Arbeitslohn der Handwerker durch ihre Konkurrenz beim Akkord ausgefallen war, so kostete doch dieser Bau der Gemeinde 1400 f., welche sie durch Verleihung der Schafweide aufbrachte. [f.: Florentiner = Gulden]

Die zum Pfarrhaus gehörigen Gebäude, ein Waschhaus und eine Holzhütte, in welche mein „Vorfahre" oft seine Kartoffeln eingrub, sind in gutem Stande, die kleine Scheune dagegen sehr alt, elend und baufällig.

Die Birkenfelder teilen ihren Flecken in das Ober- und in das Unterdorf. Jenes begreift den ganzen südlichen Teil des Orts gegen Neuenbürg, die ganze Straße vom Rathausbrunnen an bis zum Burgweg mit allen Nebengassen, namentlich der Heerd- und Schmiedgasse. Dagegen gehört zum Unterdorf der nördliche Teil des Dorfs vom Rathausbrunnen an Pforzheim zu, desgleichen die Straße rechts vom Rathaus hinauf gegen die Ziegelhütte und die linke Reihe der Häuser am Waschhause.

In der Mitte des Dorfs, beim Rössle und des Tobias Ilgen Haus ist ein erhöhter Platz, zur Linde genannt, weil dort vor Jahren eine große Linde – recht passend – gestanden hatte, in deren Stamm, als sie wegen erlittener Beschädigung im Jahr 1786 umgehauen wurde, ein in das Holz eingelassenes Halseisen oder vielmehr ein Stück davon gefunden wurde, wie im Fleckenbuche bemerkt ist.

Die Seelenzahl des Dorfes, die Ziegelhütte und die Mühlen mit eingerechnet, betrug im Jahr 1825 – 928, darunter 444 männlichen und 484 weiblichen Geschlechts. Nach einer freilich bloß 3-jährigen Bilanz kommt auf 34 Menschen ein Gestorbener, während in London von 20, in Manchester, der gesündesten Stadt Englands von 30, in Philadelphia dagegen von 42 Menschen einer stirbt.[3] Birkenfeld gehört also zu den gesünderen Orten, wiewohl Entzündungen und hitzige Fieber aller Art hier in der Gegend sehr häufig sind und von den Neugeborenen fast die Hälfte im 1.sten Jahr stirbt. Auf 24 Menschen darf man einen Geborenen rechnen, während in Maryland auf 25, in Paris auf 28 ¼, in St. Paul in Brasilien auf 21 Menschen ein Geborener gezählt wird, deren Verhältnis zu der Einwohnerzahl von *Miz* und Markus überhaupt auf 1:28 angegeben wird.[4] Auf 29 Kinder kommt ein Totgeborenes. Die Zahl der Schulkinder ist gegen die Seelenzahl unverhältnismäßig klein, sie beträgt nämlich nur 135 Kinder, 59 Knaben und 76 Mädchen, was einesteils dem im Frühjahr 1823 hier grassierenden Scharlachfieber, andernteils der Sorglosigkeit der Aeltern in Behandlung kranker Kinder und hauptsächlich der verkehrten Gewohnheit zuzuschreiben ist, allen Kranken ohne Unterschied Wein nach Genüge zu reichen.

Die Commun Birkenfeld gehört unter die Wohlhabenderen des Königreichs. Sie hat nicht nur keine Steuerreste, keine Passivschulden, sondern 5000 f. Aktivkapitalien und daneben beträchtliche Waldungen von Eichen, Forchen und Buchen. Von den letzten bekommt jeder Bürger jährlich nicht ganz 1 Klafter Bürgergabe.

---

[3] Original: Nach der Abendzeitung 1824 soll in ganz England 1821 nur von 58 einer gestorben sein und nach Morcan Dr. Jones in mehreren englischen Provinzen nur der 61ste – 78ste Mensch jährlich sterben.

[4] Randbemerkung Original: In Mergentheim zählt man auf 33 einen Geborenen, in ganz Württemberg auf 26¼.

Dagegen ist der Heilige sehr unbeträchtlich. Er besitzt nicht über 750 f. Kapital[5], und da viele Lasten auf ihm ruhen, so entsteht gewöhnlich ein jährliches Defizit von 45 – 50 f.[6], welches die Communkasse bisher immer gedeckt hat und seit 1824 in dem abgehaltenen Ruggerichte auch für künftig mit jährlich 50 f. zu decken übernommen hat. Der Schulfonds besitzt gegenwärtig 153 f. an Kapitalien.

Auch in Hinsicht des Vermögens der Einzelnen kann Birkenfeld, was in unseren Tagen selten ist, ein wohlhabender Ort genannt werden. Es gibt zwar keine außerordentlich Reichen hier, aber vielleicht eben zum Glück daher gibt es auch keine Bettelarmen. Denn wenn auch jährlich etliche Mal an 20 Personen nach einer Stiftung Brot ausgeteilt wird, so erhalten dieselben doch sonst keine weitere Unterstützung, einen Blinden ausgenommen, der ein jährliches Gratial von 5 f. bekommt, und sie bringen sich alle selbst fort, bis auf einige abgelebte Alte, die ihr Vermögen ihren Kindern ausgeteilt haben und dafür von ihnen erhalten werden. So haben alle Einwohner dahier ihr Auskommen, nur die einen ein reichliches, die andern ein hinlängliches, die dritten ein sparsames.

Dazu trägt die Nähe von Pforzheim nicht wenig bei. Hier kauft und verkauft der Birkenfelder sein Vieh, dorthin bringt er seine Schweine, tragen Weiber und Mädchen Milch und Eier und Butter; dort verkauft er sein Obst, dorthin geht der Arme und erwirbt sich durch Taglöhnen Kost und Geld. Kurz, in

---

5 Randbemerkung Original: Dazu kommen anno 1824 statt des jährlich in Neuenbürg ausgeteilten Ulrichsgeldes das Kapital davon mit 174 f., also summa 924 f.

6 Randbemerkung Original: seine Einnahme ist gewöhnlich 85 f., seine Ausgabe 145 f.

Pforzheim wird alles verwertet, in Neuenbürg gar nichts, höchstens Kartoffeln.

Auf der anderen Seite trägt aber eben die Nähe von Pforzheim und Neuenbürg auch dazu bei, dass nur die allernötigsten Handwerker hier gedeihen können und die beiden Krämer, die hier sind, kaum den Namen verdienen. Der Zahl nach wären die meisten Handwerker zahlreich befragt, aber viele treiben das Handwerk gar nicht oder bloß für ihren Hausgebrauch. Es gibt nämlich hier

23 Weber
11 Schneider
9 Maurer
8 Schuhmacher
6 Zimmerleute
4 Ziegler
6 Bäcker
5 Küfer
3 Kübler
4 Schreiner
1 Siebmacher
5 Wagner
4 Schmiede
1 Metzger
1 Mahl- und 1 Sägmüller.

Dagegen fehlt es an einem Hafner und einem Nagelschmied. Im Orte selbst sind 2 Schildwirtshäuser, der Adler und das Rössle, und 1 Gassenwirt. Außer den Genannten sind die übrigen Bürger fast alle Bauern. Neben ihm ist noch ein Chirurgus, ein Feldmesser und ein Zollvisitator hier wohnhaft.

Hebammen hat der hiesige Flecken zwei, welche neben der Fronfreiheit ihrer Männer nur jede jährlich 8 f. bekommen.

Die ganze Industrie der Birkenfelder besteht darin, dass die Ärmeren Beeren, Wachholderholz, Kresse usw. sammeln und nach Pforzheim tragen, die Vermöglicheren Brennholz nach Vaihingen und Bretter nach Schröck [7] am Rhein führen. Überdies wird auch Kirschengeist, Hopfen, Zwetschen und Fruchtbranntwein gebrannt und dürfen ausgeschenkt werden. [8]

Die Viehzucht ist mittelmäßig. Das Vieh ist gewöhnlich klein und ungestalt. Die Birkenfelder besitzen gegenwärtig [9]

Bedeutender ist die Schweinezucht, die einen starken Handelszweig der Birkenfelder ausmacht.

Pferde werden hier gar nicht gezogen. Es sind deren höchstens 20 im Orte.

Außer Tauben und Hühnern wird kein Geflügel gehalten; Enten und Gänse im Pfarrhofe waren den Kindern eine höchst wunderbare und neue Erscheinung.

In der Kost sind die Birkenfelder nicht so einfach wie die Bauern des Unterlandes. So oft Brot gebacken wird, wird allerlei Kuchen mitgebacken. Fast jeder Birkenfelder schlachtet, und wäre er auch ganz allein und arm, jährlich sein Schwein. Auch legen sich die meisten neben ihrem Obstmost noch ein oder etliche Imi ihres Weines in den Keller, womit sie jedoch immer bald fertig sind.

Ihre Kleidung hat nichts Ausgezeichnetes, wohl aber die Unreinlichkeit derselben.

---

[7] Schröck früher selbständig, heute Ortsteil von Eggenstein-Leopoldshafen.
[8] In der Schenke.
[9] Lücke im Text.

Die direkten Abgaben des Ortes belaufen sich jährlich auf 2700 f., nämlich die Staatssteuer auf 1300 f., der Amtsschaden auf 600, der Communschaden auf 800 f.

Für die Bürgerannahme zahlt ein Mann 35 - 50 f., ein Weib 17 - 25 f., ein Kind 12 - 30 kr.

Der Magistrat besteht, der Verfassung gemäß, aus 9 Mitgliedern. Schultheiß ist gegenwärtig Christian Dittus, Bauer, in seinem Eifer für Gemeinwohl und Ordnung und seinem Betragen gegen den Geistlichen höchst achtungswert. Er ist zugleich Zoller, Acciser und Ratschreiber und Waisenrichter und Untergänger.

Der erste Richter ist Eberhard Fix, zugleich Bürger- und Waldmeister, Waisenrichter, Untergänger und Kirchenkonventsbeisitzer.

Johannes Müller, zugleich Konventsrichter, Waisenrichter und Untergänger.

Abraham Oelschläger, Mühlschauer, Scharwächter und Brotwäger.

Samuel Wessinger, Ziegelschauer.

Friedrich Vollmer, Brotwäger.

Johannes Schroth, Scharwächter und Zehntknecht.

Michael Ilg, Feuerschauer und Unterkäufer.

Gottfried Oelschläger.

Der Obmann der Deputierten ist Johannes Wessinger. Die Deputierten sind Christoph Fix, Abraham Wessinger, Jakob Roth, Georg Bizer, Christoph Müller, Michel Vollmer, Johannes Vollmer, Kaspar Oelschläger.

Was die Sitten und den Charakter der Birkenfelder betrifft, so hat der Unterzeichnete, unter Beziehung auf seine Schilderung im Conzeptbuche pag. 84 - 87, nur noch Folgendes zu bemerken. Die Unmäßigkeit im Trinken, die Brutalität und die Fresslust, die man sonst den Birkenfeldern vorzuwerfen pflegte, haben, Gott sei Dank!, sehr nachgelassen. Dagegen ist der wirklich unermüdliche Fleiß der Birkenfelder zum Sprichwort geworden, dass man in der Gegend überall sagt von einem geschäftigen Menschen, „er knie nur ins Bett wie die Birkenfelder". Leider ist mit diesem Fleiße eine große Missungunst verbunden, die alles allein haben will und, wenn sie noch durch Beleidigungen gereizt wird, bei manchen in eine Tücke ausartet, die sich gern ein Auge ausschlägt, nur damit der andere beide Augen verliere. Der Birkenfelder ist munter und aufgeweckt; selbst die trockensten Alten leben an der Kirchweih und den Hochzeiten in jovialer Laune aufs neue auf. Ein gesunder Verstand, ein richtiges Urteil zeichnet sie aus. Auch die Sprache ist für Schwaben ziemlich rein und lange nicht so breit, als sie gewöhnlich in Altwürttemberg gesprochen wird.[10] Die Birkenfelder haben mit ihren Nachbarn das Eigene, dass sie das D nach L, M und N gar nicht hören lassen, z.B. Wall statt Wald, Hemm statt Hemd, Hann statt Hand, unner statt unter usw. Auch in der Mitte nach jenen Buchstaben wird das D nicht gehört. So sprechen sie auch das CH vor S nicht aus, sondern sagen waasen statt wachsen, Flaas statt Flachs, Fuus statt Fuchs usw. Sehr auffallend war für mich, von allen Einwohnern, selbst den gebildetsten, der Ausdruck „Ei ja wohl" statt „o nein, nichts weniger" gebrauchen zu hören. Sonderbare Idiotismen dieser Sprache sind: Zähnbart (= Kinn), Pfedderich (= Pate), Ballisaden (=Milchbrot), Lapp (= Maul).

Die Kirche wird sehr zahlreich an Sonntagen besucht, und zwar nachmittags wie vormittags, desto seltener in den Wochengottesdiensten, an Bußtagen und Feiertagen. Der Sonntag

---

[10] Sie sprechen tatsächlich kein reines Schwäbisch, sondern einen Mischdialekt, genannt Dachtraufschwäbisch.

wird gegenwärtig wieder in Ehren gehalten, nur dass nach einem in der Gegend allgemein üblichen Gebrauch abends nach dem Melken jeder Futter für sein Vieh[11] holt Während der beiden Gottesdienste wird an Sonn- und Feiertagen von einem Gemeinderat und einem Deputierten Umgang in den Wirtshäusern und Branntweinschenken gehalten und jeder Birkenfelder, der sich dort betreten[12] lässt, um 1 f. in den Heiligen gestraft. Die Feiertage dagegen werden von den Meisten, die Stunde des Gottesdienste ausgenommen, fast ganz wie Werktage behandelt.

Das Verhältnis zwischen Ehemann und Eheweib ist hier so ziemlich wie überall. Nur das ist besonders, dass die Weiber die Weinberge fast ganz allein besorgen. Auch glauben die Männer allgemein, dass es ihnen erlaubt sei, ihre Weiber abzustrafen, nur in der Ordnung, d.h. mit dem Seilstumpen ohne Knoten. Das Verhältnis der ehelichen Kinder zu den unehelichen ist nach einer 10-jährigen Bilanz wie[13] zu. Die Erziehung der Kinder ist sehr weit zurück. Die Schüler bleiben von März bis in den November ihren kleinsten Geschwistern oder 13-14-jährigen Kindsmädchen überlassen. Einem Kinde Privatunterricht geben zu lassen, ist ganz unerhört. Nur wenige Mädchen konnten bisher stricken; Nähen verstanden weder Alte noch Junge. Den heranwachsenden Kindern wird hier so viel Freiheit gelassen, dass ihre Stimme in häuslichen Angelegenheiten bald mehr gilt als die der Eltern. Sind die Kinder vollends erwachsen, so sind wenig Eltern mehr imstande, sie in der Zucht zu erhalten; nach der Konfirmation glaubt jedes Kind, seinen Eltern nicht mehr folgen zu dürfen. Vorwürfe der

---

[11] Was seit 1828 überholt ist und gänzlich unterbleibt.

[12] Wohl: antreffen.

[13] Lücke im Text.

letzteren wegen Ausschweifungen, Nachtschwärmereien usw. werden von diesen mit Grobheiten und Scheltworten usw. erwidert, dass die Alten gern aufhören zu singen, um nur das Zwitschern ihrer Jungen loszuwerden. Haben die betagten Eltern endlich ihr Vermögen an ihre Kinder abgegeben, so sind sie in ihrem eigenen Hause fremd, ihres Eigentums und ihrer selbst nicht mehr mächtig und die Knechte, die Kindsmägde ihrer eigenen Kinder geworden

Im äußeren Betragen zeigt der Birkenfelder ziemlich viel Anstand und Höflichkeit. Dem Herrn Pfarrer einen „Guten Abend" zu sagen vergisst weder Alt noch Jung, und wenn einer, während der Pfarrer zum Fenster hinaussieht, auf der Strasse vorübergeht, so zieht er seine Mütze und behält sie so lange in der Hand, bis er ganz am Hause vorbei ist. Lächerlich sieht es aus, wenn sie ohne ihre Mütze grüßen; sie greifen nach dem Kopfe, wie wenn sie eine Mütze abnehmen wollten und verbeugen sich dann mit dem Kopfe in der leeren Hand.

Ein Unglück für die Moralität der Birkenfelder, die gewiss nicht geringer ist als der anderen Dörfer, ist die Lage des Ortes an der Grenze. Durch ihren Verkehr mit dem Auslande kommen sie in unzählige Versuchungen zu Zollfraudationen [Zollbetrügerei], denen sie leider, trotz der wachsamen Spürnase der Zollgardisten, meistens unterliegen. Sie nehmen das sehr leicht und halten es entweder für etwas, das sich von selbst so versteht, oder mehr für einen Beweis von Klugheit als von Unredlichkeit.

Ebenso leicht wissen sie ihr Gewissen zu schweigen, wenn sie in Büchenbronn über der Enz Holz stehlen, was zu meinem großen Schmerz fast allgemein ist. Wenn ich nur kein Scheiterholz nehme, hört man sie sagen, so ist es nicht Böses. Den Büchenbronnern nützt es wenig oder nichts und uns sehr viel.

Wo sollten wir Holz hernehmen? Kaufen können wir es nicht. So nehmen wir das Holz, aber das ist nicht gestohlen.

In der ganzen Umgegend gibt es häufig Pietisten und eine sehr schöne Art von Separatisten, die nach glaubwürdigen Aussagen eine Weibergemeinschaft unter sich haben, wenigstens eine Art Licisteat[14], so dass bei ihren Wallfahrten in eine auswärtige Kirche nie ein Ehemann mit seinem Weibe geht. (So sagte mir einst einer der badischen Separatisten, als ich, um sein Eigenlob zu mäßigen, auf diese ihre Sitte anspielte, es heiße ja in der Bibel: „Ein Bischof sei eines Weibes Mann." Also dürfe man, wenn man es nicht sei, mehrere haben.) In Birkenfeld existieren gottlob! weder Pietisten noch Separatisten, doch sind Kenntnis und Liebe der Religion hier in keinem geringeren Grade, als ich anderswo getroffen.

Die meisten Krankheiten kurieren die Birkenfelder durch Wein und durch Schwitzen. Hilft das nicht, so wendet man sich an einheimische Medicaster, die Tausendgüldenkraut, Dosten, Gerstenwasser, leider auch Pillen verordnen. Die dritte Instanz machen der Doktor von Tiefenbrunn, der Schäfer von Busenbach, nunmehr in Forchheim. Erst wenn auch diese nicht mehr helfen können, geht man gewöhnlich zum rechten Arzt. Im Ganzen sind die Meisten sehr ängstlich, wenn ihnen nur das Mindeste fehlt. Die Kranken werden – besonders an Sonntagen – fleißig besucht und mit Speisen versorgt.

Auffallende Gebräuche habe ich wenige bemerkt. Bei Hochzeiten macht gewöhnlich der Schulmeister den Brautführer. Vor der Kirche wird viel Rosmarin verteilt. Wen man auszeichnen will, dem gibt man ein Band dazu. Sehr geschmacklos ist der Kopfputz der Braut und ihrer Gespielen, die das Haar so weit als möglich aus dem Gesicht ziehen und Stirn

---

14 Wohl Licentiat; Sinn: Erlaubnis.

und Haar mit Eierklar glänzend machen. Oben auf dem glänzenden kahlen Scheitel prangt eine Flitterkrone. Nach der Kirche wird auf der Scheunentenne getanzt. Der Bräutigamsführer eröffnet ihn, nachdem der Schulmeister eine Rede gehalten, und erhält dafür ein Halstuch. Der Hochzeitsschmaus und Tanz wird in einem Wirtshause gehalten und dauert 2-3 Tage. Es ist nicht leicht ein Bürger, der sich nicht mit Weib und Kind einfindet, sein Würstchen isst, sein Schöppchen trinkt und sich's wohl und behaglich sein lässt.

Noch weniger wird der Kirchweihtanz von jemand versäumt. Der Jüngling holt Montag morgens, bald nach Tagesanbruch, sein Mädchen mit Musik und Begleitung, eine Bouteille Wein und eine Brezel für seinen künftigen Schwager tragend, zum Tanze ab.

Zur Belustigung aller führen gewöhnlich zwei lustige junge Burschen den sogenannten Barbiertanz auf. Der Eine setzt sich mitten im Tanzsaal auf einen Stuhl und lässt sich von dem Anderen, der den Barbier vorstellt, den Bart abnehmen mit einem rostigen Küchenmesser und fällt darauf wie tot um. Der Scheinbarbier versucht alles Mögliche, um den Liegenden wieder auf die Füße zu bringen. Endlich nimmt er ein Ofenrohr und bläst ihm damit in den Hintern, worauf der Tote sogleich aufspringt und mit seinen Freunden lustig und wild herumwalzt.

Der Aberglaube ist in Birkenfeld weder größer noch kleiner als sonst und zeigt sich, wie überall, hauptsächlich bei Geburten, Krankheiten und beim Tode. Auch hier drückt das Brautpaar – wie an anderen Orten – bei der Einsegnung die Ellbogen ganz fest aneinander, um auf lange Zeit verbunden zu werden. Ungewöhnlicher ist die Meinung, dass am Schöpfungstag Gott den Bienen die Wahl gelassen, ob sie am Sonntag ruhen oder roten Klee meiden wollten. Sie wählten das

Letztere und arbeiten seitdem auch am Sonntag, dürfen aber eben deswegen auch die Blüte des roten Klees nicht berühren. (Zur Vervollständigung dieser Beschreibung ist Raum gelassen bei pag. 40), wo die Beschreibung der Pfarrei und der Schule anfängt.) [Im Original ist die Seite 40 immer noch leer.]

Auffallend ist ein Gesetz, das im Fleckenbuch Fol. 14 steht. Wenn ein Schuldner gepfändet wird, soll er ein Pfand geben, das 4 Heller wert sei und darauf 8 Tag still stehn und uff den 8. Tag, so der Verpfänder dem Pfand nachkommen will, soll er es tragen zur Neuenbürg und allda, wie recht ist, in den Brunnen tragen und umschlafen.

Ferner befiehlt das Fleckenbuch Fol. 8: Es soll keiner dem anderen wässern, er esse denn sein Mus und Brot. Wer uff das andere Zeichen mit der Vesperglocke nicht uff den Wiesen ist, der hat sich des Wässerns versäumt.

Fol. 11 heißt es: Ein jeder Wirt soll den Wein auf dem Tisch messen.

Noch im Jahr 1763 mussten die Kinder, die die Schule versäumten, den Esel vor dem Brunnen tragen.

In demselben Jahr kam ein Exempel eines närrischen Aberglaubens vor. Am Johannesfeiertag früh Morgens kam Matthäus Wessinger auf den Kirchhof, wo der Totengräber ein Grab grub, redete nichts mit demselben, sondern winkte mit den Armen, ging in die Kirche zu den Glocken und holte ein Stücklein von dem Glockenseil, um es seinem Buben in einem Ei zu backen, damit derselbe nicht mehr sein Wasser im Bett laufen lasse.

Noch finden sich im Fleckenbuch, das 1574 verfasst wurde, folgende Gesetze:

So einer, der nur Äcker hätte, darauf Büsch wachsen, und wenn selbige Büsch der Pflug nicht bucken mag, so soll das selbig Feld dem Dorf verfallen sein, auch so solch Feld wiederum leer würde, so mögen die Erben es nehmen.

Item so einer Bierenbömm impfte oder schleuffte, die der Pflug nicht bucken möchte, der soll dem Flecken zur Strafe 10 Schilling Heller gaben, dazu solcher Baum für immer des Flecken eigen sei.

Die Birkenfelder heißen in der Umgebung die Lateiner. Der Ursprung dieses Beinamens wird verschieden angegeben. Die einen leiten ihn von der Gewohnheit vieler Birkenfelder her, ihre Reden mit lateinischen und überhaupt mit fremden Worten zu sticken, andere von den vielen Prozessen, durch die in Birkenfeld juristische Kunstausdrücke sehr gewöhnlich wurden. Die Birkenfelder selbst sagen, der Name sei ihnen um des häufigen Erde führens willen beigelegt, weil sie dabei so oft rufen „Lad' ein".

Nachträge

Die Höhe bei der Ziegelhütte wird nicht mit Unrecht für eine Wasserscheide gehalten.

Nach einem im Jahr 1833 von Baurat Roth und dem Unternehmer von artesischen Brunnen, Bruckmann von Heilbronn, wegen der Möglichkeit artesischer Brunnen in hiesiger Gegend erstattetem Bericht, liegt Birkenfeld ungefähr 200' über der Enz auf der halben Höhe des Gebirgs, welches analog dem der ganzen Umgegend aus buntem Sandstein besteht, übrigens gegen Abend (die Ziegelhütte) mit Muschelkalk überlagert ist.

Der Bergabhang, sagen die beiden Bauräte, fällt gegen die Enz ziemlich steil ab und lässt mehrere zum Teil nicht unbedeutende natürliche Wasser durch Brüche in verschiedenen Höhen, hauptsächlich aber am Fuße gewähren, zum Beispiel der Steidach-Baumwiesen-Stegwiesen-Weiherbrunnen usw., ein Beweis von starker Verklüftung des Gesteins, die sich auch wirklich im Steinbruch in Steidichbüschen dem Auge darstellt.

Springwasser wird daher in Birkenfeld wie in allen Orten, deren Gebirgsformation dem bunten Sandstein angehört, nicht erbohrt werden können. Dagegen könnte ein Schöpfbrunnen vor dem Wirtshaus zum Adler angelegt werden, der mit 150' Tiefe aller Wahrscheinlichkeit Wasser genug hätte. Die Kosten würden schwerlich über 300 Gulden betragen. Auch könnte man bei diesem Bohrversuchen im bunten Sandsteingebilde der mittleren Flözformation sehr leicht auf eine mineralogisch ökonomische Entdeckung geführt werden; es können reichhaltige bebauungswürdige Gänge von Brauneisenstein aufgeschlossen werden.

Nach elfjähriger Bilanz kommt auf 20⅔ Seelen ein Geborenes und auf 27½ ein Gestorbenes. Die mittlere Lebensdauer eines Menschen, die in England 45 Jahre, in Frankreich 36, nach anderen 32½ J., in Brüssel 26, zu Nizza 31 J. beträgt, die zu Genf im 16. Jahrhundert 18½ J., i. 17. Jahrh. 23⅓, im 18. Jahrh. 32½ betrug, ist hier, gleichfalls nach elfjähriger Bilanz, nur 20 Jahre, 4 Monate und [durchgestrichen] Tage.

2. Pfarrbeschreibung

Die Pfarrbeschreibung soll die Obliegenheiten, das Eigentum und das Einkommen der Pfarrei beschreiben.

Zu den Obliegenheiten einer Pfarrei gehört vor allem die Haltung des Gottesdienstes. In Birkenfeld wird der Sonntagsgottesdienst von Quasimodogeniti bis in die Mitte Oktobers um 9 Uhr angefangen, den Winter hindurch erst um 9½ Uhr. Nach Absingung einiger Verse tritt der Pfarrer auf die Kanzel, spricht einen Segenswunsch und ein Gebet und dann kniend in der Stille das Vaterunser. Dann wird das Evangelium verlesen und dann darüber gepredigt. Nach der Predigt folgt ein Gebet, in welches die Fürbitte für König und Obrigkeit eingeschlossen ist, hierauf das laute Vaterunser, dann die gewöhnlichen Verkündigungen und endlich der Segen Numeri 6, 23.[15] Nach demselben wird noch der letzte Vers des angefangenen Liedes gesungen, worauf nach einem kurzen stillen Gebet, während dessen die Orgel schweigt, die Gemeinde sich unter Orgelspiel entfernt.

Der Vormittagsgottesdienst an den Festtagen ist der nämliche, nur dass nach dem Eingang ein bis zwei Verse gesungen werden. An Feiertagen wird die Kinderlehre angehängt. Der Gottesdienst dauert selten länger als eine volle Stunde.

Nachmittags, nach geendigter Sonntagsschule wird von Quasimodogeniti an um 14 Uhr. Von Mitte Oktober an um 14½ Uhr eine kleine Stunde lang Kinderlehre gehalten und zwar gewöhnlich nach d.[16]

Im Jahr 1825 wurde sie aber über die Episteln gehalten. Rechts stehen die Schulkinder, dem Geschlechte nach abwechselnd, den einen Sonntag die Knaben, den anderen die Mädchen. Die konfirmierten Kinder bis nach vollendetem 18. Jahr stehen auf der linken Seite und zwar nach Rollen und Geschlechtern abwechselnd, so dass diesen Sonntag die 1. Klasse der ledigen Söhne – aus dem oberen Dorf – den zweiten Sonntag die 1. Klasse der ledigen Töchter – ebenfalls aus dem oberen Dorf, den dritten die 2. Klasse der ledigen Söhne – aus dem unteren Dorf usff. vorsteht. Nach dem Gesang, wenn der Prediger in den Altar getreten ist, werden die Namen der Kon-

---

15 4. Mose, 6. 23-26: Der „Aaronsche" Segen, mit dem auch heute noch der Gottesdienst beendet wird.

16 Unvollständiger Satz.

firmierten abgelesen und jede Versäumnis beim nächsten Kirchenkonvent mit 4 Schilling bestraft.

Vesperlektionen werden, weil niemand sie besucht, nicht gehalten.

Die Betstunden werden hier am Dienstag gehalten, wahrscheinlich weil am Mittwoch in Pforzheim Wochenmarkt ist. Sie bestehen in Gesang, Gruß, Gebet, Verlesung eines Psalmen, Gebet und Fürbitte, Vaterunser und Segen, fangen um 10½ an und dauern kaum eine halbe Stunde.

An Freitagvormittag von 10-11 Uhr wird aber noch eine Kinderlehre gehalten, gleich der sonntäglichen, nur dass die Konfirmierten nicht bezwungen sind, sie zu besuchen.

Die Taufe wird nur nach einem öffentlichen Gottesdienst verrichtet, ganz nach dem in der Liturgie von 1808 vorgeschriebenen Format. In der Regel stehen nur zwei Personen, gewöhnlich ein Ehepaar, zu Gevatter. Haustaufen kommen äußerst selten vor. Im Notfall tauft die Hebamme.

Die Hochzeiten sind entweder stille oder feierliche. Die ersten werden gewöhnlich nach einer Betstunde im Beisein von etlichen der nächsten Anverwandten ohne Rede, bloss nach Verlesung der Legende geschlossen[17]. Bei feierlichen Hochzeiten dagegen wird nach einem pompösen, mit Musik begleitetem Kirchzuge eine Predigt gehalten und dann erst „kopuliert"[18]. Jedes Brautpaar aber, es mag in der Stille oder feierlich zusammengegeben werden, erscheint eine halbe Stunde vor dem Gottesdienst in dem Zimmer des Geistlichen, der ihnen eine verständliche und ihren individuellen Bedürfnissen angemessene Ermahnung gibt.

---

[17] Legende: theologischer Text wird gelesen.

[18] Damaliger Terminus für die amtliche Eheschließung, bis 1875 nur kirchlich möglich.

Jedem verstorbenen Erwachsenen wird hier – nachdem der Schulmeister am Grabe abgedankt – eine Leichenpredigt auf der Kanzel gehalten, wobei die Personalien des Verstorbenen nicht fehlen dürfen. Bei der Beerdigung von Kindern und selbst nicht konfirmierten Schulkindern wird bloß eine Betstunde oder Kinderlehre und vor denselben eine kurze Rede gehalten. Die Personalien fallen dabei weg. Totgeborene werden in der Stille begraben. Die gewöhnliche Stunde der Beerdigung ist vormittags 10 Uhr.

Das heilige Abendmahl wird gefeiert am 1. Advent, an Weihnachten, am Karfreitag, hier und da auch am Ostertag und an Pfingsten, außerdem an einem gewöhnlichen Sonntag zwischen Weihnacht und Ostern, an dem Sonntag nach Georgii [19] mit den Konfirmanden und endlich an einem Sonntag zwischen Pfingsten und dem 1. Advent, im Ganzen achtmal. Die Anmeldung geschieht gewöhnlich sonntags nach dem 2. Gottesdienst im Pfarrhause. Einige wenige kommen an den folgenden Vormittagen. Nach der Vorbereitungspredigt am Freitage wird ohne Beichtrede bloss die Beichtlegende gelesen. Früher mussten die Verheirateten und die Ledigen abgesondert das Abendmahl feiern, nie an einem Tage. Nun ist dieser Zwang aufgehoben. Auf 40 Kommunikanten wird ein Maß [20] Wein gerechnet, der der Reihe nach von den hiesigen Wirten bezogen und vom Heiligen [21] bezahlt wird. Während der Kommunion, bei welchen auch hier die Weiber [22] den Vortritt haben, werden teils von der Gemeinde, teils allein von den Schülern, und von

---

[19] 23. oder 24. April.

[20] 1 Maß = beinahe 2 Liter.

[21] Der Heilige ist eine soziale Kasse der Kirchengemeinde.

[22] Hier: wie in anderen Gemeinden. Weib für Frau – in alter Zeit üblicher Name, der keinen Anstoß bewirkte.

diesen mehrstimmig, einige Verse gesungen. Privatcommunionen sind nicht selten und werden nach Umständen kürzer oder länger gehalten.

Der Konfirmationsunterricht fängt jedes Mal gleich mit dem Neujahr an und wird wöchentlich in vier Stunden gegeben. Während desselben werden den Konfirmanden Lieder zum Auswendiglernen aufgegeben, der Hauptinhalt des Unterrichts wird ihnen summarisch diktiert. Am Samstag vor dem Konfirmationstag werden die Kinder in die Kirche gestellt, ihnen Fragen abgehört, ihr dreistimmiger Gesang probiert und überhaupt das Äußere der Handlung ihnen bekannt gemacht. Am Konfirmationstag ziehen sie von der Schule in die Kirche. Der Akt selbst ist, wie überall. Jedem Kinde wird auf Kosten des Schulfonds, in den es 30 Schilling zu zahlen hat, nach der Einsegnung ein biblischer Denkspruch nebst einer religiösen Broschüre von Dann oder anderen gereicht. Nach geendigter Handlung kommen die Väter oder die Mütter der Konfirmierten ins Pfarrhaus, um sich zu bedanken und den „Lohn" zu bringen. Auch die Kinder selbst gehen von der Kirche in die Schule, um dem Schulmeister, und von da zum Pfarrer, um ihm zu danken. Dass die Konfirmanden des Nachmittags gleich das Wirtshaus besuchen, ist neuerdings nicht mehr gebräuchlich. Acht Tage nach der Konfirmation gehen die Kinder zum ersten Mal zu Gottes Tische und werden darauf vom Geistlichen in der dazwischen liegenden Woche in drei bis vier Stunden vorbereitet. Der Konfirmationstag ist durch kirchenkonventlichen Beschluss auf den Sonntag vor Georgii festgesetzt.

Alle vier Wochen wird an einem Freitag ein Buß- und Bettag gehalten, der jedoch bei dringenden Feldgeschäften auf den Sonntag verlegt wird.

Die Kranken werden, sobald sie ein bedeutendes oder langwieriges Leiden haben, meistens, ohne dass sie nach dem

Prediger schicken, besucht, und alle haben es gern. Sonstige Besuche in den Häusern, so vorteilhaft sie auch für die Privatseelsorge sein mögen, macht der Unterzeichnete, nicht. Drei Viertel des Jahres sind sie nicht möglich, weil die Leute, entweder auf dem Felde oder im Stalle oder sonst beschäftigt und nun endlich die Arbeit des Tagen vollendet, oft viel zu müde sind, als dass sie einen Besuch des Geistlichen noch gerne sehen könnten. Im Winter dreschen die Männer oder füttern sie ihr Vieh, oder essen oder schlafen sie. Der Sonntag allein wäre zu Besuchen geeignet, aber da besuchen sie den Pfarrer selbst, der auch im Grunde dies für besser hält und sich mit seinen Beichtkindern lieber in seinem Hause oder auf dem Felde unterhält.

Außer den gewöhnlichen Kirchenbüchern, einem doppelten Ehe-, Tauf- und Totenregister, einem Familienregister, einem Amtskalender, in welchem alle Gottesdienste, alle Schulbesuche, jeder Schul- und Konfirmandenunterricht nebst anderen Amtsgeschäften eingetragen und das gefallene Opfer bemerkt wird, wird noch ein besonderes Konfirmationsregister, das zugleich ein Zeugnis über die Konfirmierten enthält, ein Proklamations- und Verkündbuch geführt, desgleichen die dieser Beschreibung angehängte Pfarrchronik, in der alle auf Religion, Sitten, Kirchen- und Schulwesen sich beziehende und andere merkwürdige Ereignisse in hiesigem Kirchspiele aufgezeichnet werden. Nach neuesten Befehl muss der Geistliche auch noch das Impfbuch führen.

Als geistlicher Ortsvorsteher hat der Pfarrer ferner mit dem Schultheißen als gemeinschaftliches Amt und mit dem Kirchenkonvent als dessen Vorsitzer die Sittenpolizei zu handhaben. Die Kirchenkonvente werden fleißig, jedoch nur dann gehalten, wenn wirklich Gegenstände zur Erledigung für dasselbe vorliegen. Meistens werden sie auf dem Rathause, seltener im Pfarrhause gehalten. Das Verfahren des Kirchenkonvents musste bisher eher streng als gelind sein. Noch immer werden Schul-, Sonntagsschul- und Kinderlehrversäumnisse und Unordnungen in der Kirche, öffentliche Exzesse an Sonntagen und dergl. streng und unnachsichtlich bestraft, und die Folgen dieser konsequenten Strenge sind, Gott sei Dank, nicht ausgeblieben und die stiftungsüblichen Verhandlungen werden gleichfalls in das Kirchenkonventsprotokoll eingetragen.

Die Schule wird von dem Geistlichen bald diesen, bald jenen Tag besucht, bald die Kinder, bald die Lehrer geprüft, immer aber auf die Reinlichkeit und die äußere Zucht der Kinder dabei gesehen. Dreimal in der Woche gibt der Geistliche selbst Unterricht in der Schule, nämlich Dienstags, Mittwochs und Freitags, doch bindet er sich nicht immer an diese Zahl oder diese Tage. Teils wird ein Buch des Neuen Testaments erklärt, teils den Kleineren biblische Geschichten erzählt, teils wird biblische und Kirchengeschichte vorgetragen, teils die christliche Glaubens- und Pflichtenlehre erläutert oder Sprüche erklärt und dergl.

Bei der Schulvisitation sind außer dem Pfarrer der Schultheiß, der Bürgermeister und die Conventsbeisitzer gegenwärtig. Es wird dabei 1 Gulden aus dem Schulfonds, 1 Gulden aus der Kommunkasse und oft noch 1 Gulden aus dem Heiligen jährlich zu Prämien gegeben, welche nicht nur die vorzüglichsten, sondern auch die jüngeren, die sich durch Fleiß und Wohlverhalten auszeichnen, erhalten. Alle Schulkinder erhalten jedes eine Brezel, die auch den kleineren Kindern, die in Scharen in diesen Tagen zur Schule laufen oder getragen werden, nicht verweigert werden, um ihnen dadurch eine gute Meinung von der Schule beizubringen.

Außer diesen Geschäften wird die Zeit des Geistlichen – besonders in diesen papierenen Zeiten – durch unzählige, immer zahlreicher werdende Berichte an alle möglichen Behörden in Anspruch genommen.

Das ist dann:

1. Der Pfarrbericht mit 42, früher mit 78 Fragen, der vor Georgii abgeschickt werden muss oder statt seiner jedes andere Jahr Notizen zu denselben – ans Dekanatsamt.
2. Der Gesangbericht über die Fortschritte des mehrstimmigen Gesangs – ebenfalls auf Georgii ans Dekanatsamt.
3. Der Bericht über Industrieschulen ans gemeinschaftliche Oberamt.
4. Der Schulbericht ans Dekanat.
5. Die Bevölkerungsliste ans Oberamt.
6. Die Provisorals-Tabelle zweimal ans Dekanat.
7. Der Armenbericht ans gemeinschaftliche Oberamt.
8. Die Taubstummen- und Blindentabelle ans Dekanat.
9. Wohlfahrtspolizeibericht ans Oberamt.
10. Tagbericht ans Kameralamt.
11. Bericht über die Gestorbenen ans Oberamts-Physikat.
12. Bericht über die unehelichen Geburten ans Oberamt.
13. Bericht über den Provisorals-Wechsel ans Dekanat.

Außerdem muss der Geistliche die Rekrutierungslisten, die Hebammentabellen berichtigen, d.h. fast [23] ganz selbst machen, den Schulfonds besorgen und die Rechnung jährlich an Georgii dem Kirchenkonvent vorlegen, Impftabellen besorgen, die leidigen Ehehändel ans gemeinschaftliche Oberamt berichten, die Dispensations-Gesuche aufsetzen und jährlich wenigstens 20 zufällige Berichte an sehr verschiedene Behörden einschicken.

---

[23] Nachträglich durchgestrichen.

Das Eigentum der Pfarrei besteht aus den der Gemeinde oder dem Heiligen angehörigen Büchern, Dokumenten, Geräten, Gebäuden und liegenden Gütern, die dem jedesmaligen Pfarrer in Birkenfeld zum Gebrauch überlassen sind.

Die Bücher, die zur Pfarrei gehören, sind folgende:

Lankisch's bibl. Concordanz 1705 gr. Fol.
Würtemb. Liturgie 1809.
Würtemb. Kirchenbuch, die Catechismuslehre enth. 1789.
Würtemb. Evangelienbuch 1791.
18 Bände Regierungsblätter von 1808-1825.
Große würtembergische Kirchenordnung, die wahrscheinlich von den Franzosen im 30-jährigen Krieg zerrissen und geraubt und, wie es in derselben auf der Decke bemerkt ist, im Juni 1643 von Daniel Hirschmann zu Pforzheim bei einem Bauern wieder gefunden wurde.
Würtemb. Kirchenbuch, die Catechismuslehre enth. 1754.
Johann Arnds Catechismuspredigten.
Hartmanns würtemb. Kirchengesetze, 3 Bände 1792.
Geistlicher Religionskatechismus zum Gebrauch beim Unterricht der Konfirmanden, 2. Aufl. 1803.
Hartmanns würtemb. Ehegesetze 1791.
Kapfs Repertorium 1814.
Würtemb. Agende vom J. 1784.
Binders würtemb. Kirchen- und Lehrämter.
Reuchlins würtemb. Kirchengesetze 1809.
Bidembachs Handbuch für die jungen angehenden Kirchendiener, Stuttgart 1603.
Würtemb. Ehe- und Ehegerichtsordnung 1716, nebst den Cynosura ecclesiastica 1637.

Celebrierung des 2-ten evang. Jubelfests 1717.

Apologia des christlichen Concordienbuchs 1583, 4°fol.

Die augustinische Confession mit der Analogie in den Artikeln christlicher Lehre und Luthers Enchiridion Fol.

Alte biblische Summarien 1721, item 3.4.6. Jhl.

Neun klingende Harpffen Davids von Frisch 1731.

Altes würtemberg. Gesangbuch von 1741.

Breuningers Gott geheiligte Passions Schul 1724.

Christliche Kirchengebete und -Handlungen 1736.

Würtembergische Agende vom J. 1765.

Alte würtemb. Liederlehre vom J. 1719.

Würtemb. Agende vom J. 1747.

Würtemb. Kirchenbuch, die augustinische Confess. ss, enth. 1747.

Alte würtemb. Agende, ohne Datum.

Würtemb. Katechismuslehre 1747.

Würtemb. Kirchenbuch, die Psalmen und Betstunden Gebete enthaltend, 1747.

Christl. Kirchen Gebete, 1713.

dito ohne Datum.

Reischers Handbuch für Kirchenconvente 1826.

Ein Familienregister, angef. 1808.

Ein neues dito, noch unbeschrieben.

2 Taufregister von 1808 an.

2 Eheregister von 1808 an.

2 Todtenregister von 1808 an.

Ein Konfirmandenregister von 1824 an.

1 Kirchenkonventsprotokoll von 1814 an.

1 Reskriptenbuch von 1807 an.

1 Conceptbuch von 1822 an.

1 Communicanten Register von 1817 an.

2 alte Opferregister.

Alte Visitationsfragen vom J. 1746.

Altes Taufregister von 1638-1734 an nebst dem Eheregister von 1636-1744 an und dem Todtenregister
von 1640 an - 1766.

Altes Taufregister von 1735-1807 nebst dem Eheregister
von 1744-1764 und dem Seelenregister 1779-1807.

Altes Eheregister von 1765-1807.

Altes Todtenregister von 1765-1807.

Altes Confirmandenregister von 1723-1823.

5 alte Communicanten- und Seelenregister von 1734 an.

5 alte Kirchenkonvents Protokolle von 1705 an.

5 alte Reskriptenbücher von 1658 an.

39 Kirchenkalender von 1796-1816.

Verfassungs Edikte.

2 alte Verkündbücher vom J. 1765 an.

1 neues dito vom J. 1823 an.

1 Proklamationsbuch vom J. 1813 an.

Neue biblische Summarien 5 Bde.

1 Bibel in der Sakristei.

1 neues Gesangbuch daselbst.

Wichtige Dokumente sind wenige vorhanden. In der oberen Schublade des Kirchenbücherkastens sind alte Pfarrer-Relationen, in der 2. gedruckte und schriftliche Befehle, in der 3. Ehesachen betreffende Papiere, in der 4. die Schulfonds-Rechnung nebst den Kapitalbriefen des Schulfonds, zwei beglaubigte Besoldungskompetenzen, Quittungen und dergl., in der 5. Kopien, die Bibelanstalt, das Armenwesen betreffend und in der untersten Zoll- und *Acci* ßBedingungen.

Die dem Pfarrer zum Gebrauche zustehenden Mobilien sind teils Kirchen- teils Hausgeräte. Diese gehören der Gemeinde, jene dem Heiligen, die Kirchengeräte sind:

1 silberner und vergoldeter Kelch
1 Hostien-Patine
1 zinnener Krankenkelch
1 zinnernes Hostienblättchen
1 zinnenere Hostienkapsel
5 Nachtmalkannen à 1 Maß
2 halbmaßige Nachtmahlkannen
1 zinnerne Taufkanne
1 dito Taufbecken
1 Chorhemd
1 samtenes Kästchen in der Sakristei
1 samtenes, blau angestrichenes Bücherkästchen daselbst
1 eichene Tischkommode daselbst
1 Stuhl daselbst
1 Trippel auf die Kanzel daselbst
1 neuer eichener, gelb angestrichener Kirchenbücher-Kasten im Pfarrhaus
1 Amtsiegel aus Messing.

Die dem Pfarrer zustehenden Hausgeräte sind:

2 Leitern
1 Deckel auf dem Ofenhafen von Kupfer
1 Garbenseil
1 Rost und 1 Schalk auf dem Herd in der Küche
einige Lingerling im Keller
1 eiserner Ofen in der Wohnstube
1 dito in der Studierstube
1 Kanonenofen in der oberen Stube

1 Tisch
1 Scheurenschloss
1 eiserne Herdplatte
1 Hausglocke

Die zur Pfarrei gehörenden Gebäude bestehen aus dem Wohnhaus, der Scheuer und dem Waschhaus in einer Holzhütte.

Das Wohnhaus hat im ersten Stock 4 ineinander gehende geringste Zimmer mit Kambris (Stoff-Tapete), wovon 2 heizbar sind. Das Wohnzimmer wird mit seinem Nebenzimmer durch einen Ofen geheizt. Alle Zimmerfenster haben weiße Jalousieläden. Außer den Zimmern sind im ersten Stock noch die Küche und eine Speisekammer. Eine Stiege höher ist noch ein Zimmer mit einem kleinen Kanonenofen, gleichfalls *geizt.* und außerdem 2 Kammern. Dann steigt man auf einen geräumigen Fruchtboden und von diesem auf einen noch höheren gerade unter dem First des Daches. Von dem Vorkamin des oberen Zimmers geht ein eisernes Türchen in das Hauptkamin, durch welches das zu räuchernde Fleisch im Kamin aufgehängt wird.

Parterre ist außer dem feuchten Boden nur ein kleiner, unbequemer Stall. Der Keller ist, wie schon früher bemerkt wurde, klein und flach. Ein Drittel desselben ist zur Aufbewahrung von Kartoffeln eingerichtet, einen anderen Teil nimmt die Apfelhürde ein. Eine Abzugsdohle leitet das Wasser durch den Garten ab. Hinter dem Hause, gegen die Kirche, sind die Schweineställe mit einem eigenen Dächchen und desgleichen ein Hühnerhäuschen mit einem Entenstalle.

Diesen gegenüber steht das Waschhaus, in welchem zugleich ein (nur zu großer) Backofen befindlich ist. Ein Waschkessel fehlt.

Hinter dem Waschhaus steht eine verschlossene Holzhütte, in welcher und um welcher das Holz aufgesetzt wird und auf deren oberem Boden entweder Garben oder Erbsen, Linsen, Bohnen oder Sämereien aufbewahrt werden können.

Dem Wohnhaus gegenüber, neben der Schule, an dem Wege nach Pforzheim steht die Pfarrscheuer, klein und baufällig innen und außen, mit einer erbärmlichen Tenne.

Auf der südwestlichen Seite grenzt das Wohnhaus an ein Gärtchen und eine Scheuer, die beide dem Schulmeister Ölschläger und seinem Schwager Jh. Christoph Fix gehören. Auf der südöstlichen Seite führt die Haustüre, mit Klingel und Aufzugsdraht versehen, auf die Straße. Eine Weinrebe, im J. 1823 gepflanzt, rankt sich auf dieser Seite am Haus hinauf. Die Ost-Nord- und Westseite des Hauses umgibt ein sogenanntes Höfchen, das eigentlich nur ein Gang mit einer Dunglege ist. hinter welchem ein anderes Pfädchen in den Kirchhof und in die Kirche führt.

Die Front des Hauses blickt gegen Morgen auf das vor derselben liegende ½ Viertel große Küchengärtchen, das in 4 Viertel geteilt ist, die mit Steinplatten eingefasst sind. Eine Laube mit einem runden steinernen Tisch steht am Ende des Gärtchens und in eine Ecke desselben einem Bienenstand zu 24 Stöcken, den Pfarrer Christlieb auf seine Kosten bauen ließ.

Hinter dem Küchengarten ist ein Gras- und Baumgarten ½ Viertel 1½ R. groß, mit einem sehr großen Nussbaum, der ein großes Stück der Pforzheimer Strasse beschattet, und vielen Zwetschgenbäumen.

An Äckern besitzt die Pfarrei 3 Morgen und 3 Viertel

2 Vierteil im Fuchsrain, nach anderem Maß auch 3¼ Ruthen,   zehntfrei, der Herrschaft gehörig

2 Viertel im Tiefenbachrain 5 Ruthen weiter vorhanden und 1 Zehntel dem Flecken

1 Viertel 12 Ruthen im Todtenweg, 17 Ruthen nach andern

1 Viertel im Stäudigbusch

6 Viertel im Mittelbüsch, 5 Viertl nach Lacherbüchl Auszug

2 Viertel im Kinsbuckel

6 Ruthen in der Mühlhalde, 5½ R. nach anderen

½ Viertel im Eichelgarten

Alle diese Äcker sind, die letzten ausgenommen, sehr mittelmäßig oder ganz gering, doch sind sie seit 1823 fast alle mit guten Obstbäumen besetzt worden.

An Wiesen besitzt die Pfarrei 2 Morg. 3 und 1½ Viertel Langwiese.

9 Ruthen im Krautgarten, 7 Ruthen vorhanden (zehntfrei, der Herrschaft gehörig).

1½ Vierteil 8 Ruthen im Stäudig (dem Flecken gehörig).

9 Vierteil in der Rothenau am jenseitigen Ufer der Enz, auf der Markung des badischen Orts Büchenbronn (der Pfarrei legiert).

Die Wiesen können alle gewässert werden und bedürfen des Düngens nicht unumgänglich notwendig. Es stehen auf der Langwiese Zwetschen-, Kirschen, Kernobstbäume, auf der Stäudigwiese.

Von den 9 Vierteln in der Rothenau wurden im J. 1824 1½ Viertel abgerissen, wofür der Pfarrer im ersten Jahr eine Entschädigung von 20 f. erhielt, später aber mit seinem Entschädigungsgesuche abgewiesen wurde.

Der Gemeinderath Büchenbronn setzte indessen durch das Steuercapital von 1250 auf 1070 f. herab.

Im J. 1826 erhielt die Pfarrei einen neuen Acker, im Erlach genannt, ½ Viertel 9 Ruthen groß (dem Flecken gehörig, auf 6 J. steuerfrei), doch müsste der Boden erst umgebrochen und die Stämme und Wurzeln ausgegraben werden, wofür der Pfarrer 4 f. bezahlt, die 4,50, die jeder Bürger für sein Stück bezahlen müsste, sind bisher vom Pfarrer nicht gefordert worden.

Die im Jahr 1838 regulierte Pfarrbesoldung besteht im Folgenden:

Vom Cameralamt-Geld	78 f.
Für 2 Aym. Wein	60 f.
Für verhandelte Besoldung	369 f.
	(zusammen 507 f.)
Von der Stiftungspflege	3 f. 2 s.
Vom Cameralamt 28 Sch.	Drücke à 4 f. 112 f.
Holz 8 Klafter buchener Scheuter à 9 f. 25 s., aber Macherlohn, den der Pfarrer zu bezahlen hat à 1 f. 5 s.	8 f. 40 s.
	70 f.

Das Holz wird gewöhnlich unentgeltlich beigeführt, man gibt aber jedem Fuhrmann 1 bout. Wein.

Dem Pfr. Mayer wurde noch auf seine Bitte 50 Büschel Reisig, jedoch unwiderruflich, ausgesetzt.

Gütergenuss nach 9-jährigem Durchschnitt Küchengarten beim Haus.	3 f. 29 s.
Zusammen	695 f 53 s.

(1838 revidierte und regulierte Pfarrbesoldung)

Unter Einrechnung zahlreicher Genussgüter wie Hausgarten, Wiesen etc,	132 f. 50 s.

| Zusammen | 828 f. 43 s. |

Ehe das Einkommen der Pfarrei beschrieben wird, muss die ständige Ausgabe derselben angegeben werden; denn die Pfarrei hat nämlich zu entrichten:

Wohnsteuer	1 f:
Aus 1 ¼ Langwiese	30 s.
Aus 5 ½ Ruthen Mühlhalde Acker	1 s. 4 Hl.
Aus 7 Ruthen im Krautgarten	2 s. 1 Hl.
jährlicher Hellerzins	5 Hl.
Aus 1 Viertel Garten	2 Hl.
Aus einem ½ 7 ½ R. Wiesen im Streudich	3 Hl.
4 Roggen	8 s.
3 Haber	18 s.

| Im Jahr 1926 betrug die sämtliche Steuer | 3 f. 24 s. 2 Hl. |

Die Steuer von den badischen Wiesen ist seit 1823 von dem Cameral Amt Neuenbürg zur Bezahlung übernommen worden. Im Jahr 1837 zahlte der Pfarrer dem Bürgermeister nach Abzug der Staatssteuer von 1 f. 12 s., die nicht bezahlt werden durfte, 2 f. 55 samt 1 f. Wohnsteuer und 1 f. 55 Gemeindeschaden.

Das Einkommen der Pfarrei Birkenfeld besteht
in fixierten Teilen

a) Geld
    vom Cameralamt Neuenbürg (früher Herrenalb) 78 f.
    dem pium corpus dahier   3 f. 24 s. 4 Hl.
b) Naturalien
    Dinkel 28 Scheffel à 3 f.   84 f.

Haber	8 Scheffel à 3 f.	24 f.
Wein,	2 Aimer à 15 f.	30 f.

c) Holz, so viel, als der Pfarrer braucht, doch darf er keines verkaufen, gewöhnlich sind es 14 Klafter Buchenholz.

Der Pfarrer muss das Holz fällen und machen und an den Weg tragen lassen auf seine Kosten. Geführt wird es ihm unentgeltlich und er hat den Fuhrleuten bloß Wein und Brot zu reichen – à 7 f. pro Maß. 98 f.

Reisich, ungefähr 200 Büschel, je nachdem die Buchen gezeich. sind nach Abzug des Macherlohns

zusammen 337 f. 24 s. 4 Hl.

Zu bemerken ist, dass die Hälfte der Frucht vor Lichtmess von den hiesigen Zehntbeständen ins Pfarrhaus geliefert wird, die andere dagegen von dem Kasten in Neuenbürg bezogen werden muss. Der Wein wird gewöhnlich in der hiesigen württembergischen Kelter angewiesen, auf Verlangen des Pfarrers ist jedoch der Wein an 1824 und 1825 in Gräfenhausen angewiesen worden, in welchem Fall aber der Pfarrer die Fracht zu bestreiten hatte.

II. Die veränderlichen Theil des Einkommens sind

1) Güter-Genuss
 a) Gärten cf. 6   8f.
 b) Wiesen
 c) Äcker
 d) Weinberge   nichts
                                               83 f. 12 s.
 Waldung   0
 Fischwasser   0

47

2) Zehnten und Gilden
   a) große Zehnten   0
   b) Haus und Oehmd zu   0
   c) Kleine Zehnten aus dem ganzen jedesmaligen
      Brachfeld, die Novalien ausgenommen und zwar
      Klee, Erbsen, Wicken, Linsen, Flachs, Hanf,
      Kartoffeln, Rüben.

   Jede Zehntzahlung wird, wenn sie reicht, besonders
   verliehen, der Kleenzehnte wird, nachdem jeder die
   Größe seines Kleenstücks vor dem Schultheiß
   angegeben, jedem Zehntpflichtigen um 24 oder 15 s.
   für das Viertel erlassen, je nachdem der Klee im
   roten oder im weißen Boden steht. Um Martin bringt
   dann jeder sein Zehntgeld nebst Trauben und Obst.
   Die Kartoffelzufuhr wird mit der Bedingung
   verpachtet, den 4. Teil der Erdbirnen dem Pfarrer frei
   in den Keller zu liefern.

   Mit Einschluss diesesTeils betrug der kleine Zehnt in
   den Jahren 1823-1825   300 f.
   d) Weinzehnten   0
   e) lebendiger Zehnten   0
   f) Gilten und Naturalien   0

3) Bürgerliche Benefizien
   8 Pferchnächte à 1 f.   8 f.
   9 Schafe sind frei auf der Weide   1 f.
   4 Stück auf der Viehweide sind
4) Rechte u. Gerechtigkeiten   0

5) Emolumente
   a) von öffentlichen Kassen

Neujahr	0
(dazu für Bevölk.Liste 1 f. 50 s.)	
Kirchen- und Schulvisitation	1 f. 15 s.
. . . Ersetzung	30 s.
Summa	311 f. 15 s.

6) Jura Stola. Diese betrugen nach einer 3-jährigen Bilanz jährlich (113 f.)

Taufen. Dafür wird nichts bezahlt. Stattdessen wird dem Pfarrer sein Holz, sein Gras und Öhmd, seine Frucht unentgeltlich geführt und von den Ärmeren unentgeltlich gemäht.

Leichen. Von einer Leichenpredigt für einen Erwachsenen werden 3 f., für ein Kind ohne Personalien 1 - 1 f. 15 s. bezahlt. Nach Abzug des den Armen Geschenkten betrugen die Emolumente von Leichen 50 f. 5 s.

Hochzeiten. Für stille werden wie für feierliche 3 f. bezahlt, worunter die Proklamation begriffen ist. Bei feierlichen Hochzeiten werden jedoch den Tag vor der Hochzeit mürbe Kuchen und Wein, zum Hochzeitstag Küchle, Maß Wein, 3-4 Pfund Fleisch, weiß Laible Brot und Zitrone, oft auch abends noch Braten gebracht.

Sie betragen im Durchschnitt	29 f. 6 s.
Der Pfarrer gibt keine Hochzeitsgeschenke.	
Die Konfirmationsgebühren betragen jährlich	17 f. 6 s.
Für die Bevölkerungsliste erhält der Pfarrer	1 f. 30 s.
Endlich für Taufschein, Totenschein, Prod. Briefe, Proklamationen, Schemata geologica etc..	8 f. 32 s.
Zusammen	106 f. 55 s.

6) Accidentien. Herbstrunk ist hier in der Gegend
   nicht gebräuchlich. Die freiwilligen
   Geschenke bei Anmeldungen zum
   Abendmahl oder zur Konfirmation ebenfalls
   nicht. Die sonstigen Geschenke mögen
   ungefähr betragen   20 f.

Demnach beliefe sich das ganze Einkommen der
   Pfarrei Birkenfeld, so genau und gewissenhaft als möglich, auf   858 f. 52 s.
              Achthundertfünfzig und acht Gulden und 52 s.

Die 1839 regulierte Besoldung vgl. S. 45.

Prof. Dr. Theodor Christlieb (*1833 Birkenfeld - †1889 Bonn),
der Sohn von Pfarrer Heinrich Christlieb.

II. Chronik von Birkenfeld
im Überblick

Wie alt der Ort Birkenfeld sei, ist unbekannt. Der Name Birkenfeld, ehedem Birkinvelt und Bürckenfeldt geschrieben, rührt wahrscheinlich von einem ausgerodeten Birkenwald her, auf dessen Stelle der Ort erbaut ist. Es könnte auch sein, dass Birkenfeld seinen Namen hätte von Bürghenfeld – Burgfeld, ein Feld das zum Schlosse „Neuen Bürg", Neuenbürg gehört. Vor 500 Jahren gehörte Birkenfeld zur Markgrafschaft Baden und hatte noch keine Kirche, sondern ein kleine Kapelle und war eine Filiale von Brötzingen

Im Jahre 1322 verpfändete Markgraph Rudolph die eine Hälfte des Orts an den Grafen Eberhard I. von Württemberg um 100 Pfund Heller oder 75 f. Weil das Pfand nicht wieder gelöst wurde, blieb diese Hälfe württembergisch, bis auch die andere (wenn sie nicht vielleicht früher vor Jahren von Durlach an Württemberg abgetreten wurde) wahrscheinlich mit Neuenbürg an Württemberg kam.

Im Jahre 1332 bezahlte Graf Ulrich von Württemberg die Egidienkapelle in Neuenbürg mit jährlichen 12 Pfund Hellern, die derselben aus seinem Orte (sua villa) Birkenfeld am St. Martinstag bezahlt werden mussten.

Am Sonntag Estomihi des Jahres 1395 am 21. Februar erlaubte der Pfarrer Heinrich von Brötzingen den Einwohnern seines Filials Birkenfeld durch einen eigenen Geistlichen in ihrer Kapelle zu Birkenfeld Frühmesse lesen lassen zu dürfen. Die Urkunde davon lautet also:

a. 1395 d. 21. Febr.
Pfaff Heinrich, Pfarrer zu Brötzingen, bekennt, dass als am letzten Sonntag Estomihi in des Schultheißen Haus zu

Birkenfeld vor ihm und den Richtern von Bestätigung der Frühmesse in der Pfarrkirche zu Brötzingen die Rede gewesen, so haben ihn die dieselben im Namen der ganzen Gemeinde inständig gebeten, dass er ihnen erlauben möchte, von ihrem eigenen und des Heiligen Gut eine eigene wöchentliche Messe aufzurichten. Das habe er, ungeachtet ihm die Frühmess in der Kapelle zuständig gewesen, unter folgenden Bedingungen bewilligt: Erstlich sollen sie 90 Pfund Heller gerichtlich hinterlegen und mit Unterpfand versichern und damit entblößt und ledig sein von der Frühmess zu Brötzingen und weder an Kelch, noch an Messbuch, noch an andern Gezierde noch Behausung an sie zu entrichten haben. Diese Pfund Heller sollen sie jährlich verzinsen mit 18 Pfund Heller, die ihr Frühmesser haben soll. Wenn ihnen ein Frühmesser ihre wöchentliche Messe nicht liest, so haben sie das Recht, ihm den Zins zu sperren.

Fast 100 Jahre währte diese Einrichtung, dass die Birkenfelder zwar in der Woche früh um 6 Uhr ihre Messe im Orte hatten, aber doch sonntags, wenn sie eine Predigt hören wollten und mit allen Taufen, Hochzeiten und Leichen nach Brötzingen [24] gehen mussten, bis endlich im Jahre 1490 am Sonntag Lätare der Grund zu einer eigenen Pfarrkirche in Birkenfeld gelegt wurde. Sie wurde auf der Hofstatt Michel Hölls erbaut und die auf diesem Boden haftende jährliche Abgabe mit 1 Vierling Roggen wurde dem jeweiligen Müller zu bezahlen ausbedungen. Die Stifter der Kirche waren Johann von Haslach, ein Edler von Nürnberg und dessen Hausfrau Margaretha, die nicht nur die Kirche bauten, sondern auch Güter und Einkünfte zur Besoldung des Pfarrers hergaben. Daher behielten sie sich und ihrer Familie das Recht bevor, den Pfarrer in Bir-

---

[24] Daher heißt noch jetzt der Weg nach Brötzingen Kirchen- oder Kirchweg und der dahin führende Weg Totenweg.

kenfeld ernennen zu dürfen, welches Recht jedoch in den Urkunden nicht vorkommt und bald verloren gegangen zu sein scheint.

Der erste Geistliche zu Birkenfeld, dessen die Urkunden Erwähnung tun, ist Johannes Frank, der im Jahre 1520 von dem Sohn eines gewissen Heinrich Baur zu Nürnberg auf den hiesigen Pfarrdienst war ernannt worden.

Im nämlichen Jahr war ein geborener Birkenfelder Rektor der Universität Tübingen und Dekan. Er hieß M. Martin Kügelin.

Ein Jahr vorher, nämlich anno 1519 wurde Birkenfeld mit Neuenbürg und dem ganzen Amte von dem schwäbischen Bunde an Franz von Sickingen verpfändet, der dasselbe für die Kriegskosten besorgte und bis an seinen Tod behielt. Unter der Herrschaft dieses freisinnigen Freundes Luthers mag wohl der erste Funke der Reformation in diese Gegenden gestreut worden sein, der vielleicht durch die von der Pest veranlasste Verlegung der Universität (Eigentlich nur die Hälfte derselben, die sogenannte neue oder Nominalisten Burse) nach Neuenbürg angefacht und verbreitet wurde.

Die Geistlichen, die seit der Reformation Gottes Wort hier verkündigten, waren:

Peter Köllner	15 –
Johannes Khun	1563 – 1566
Johannes Conemann	1566 – 1568
	† 1. April 1568
M. Andreas Picus (Specht)	1568 – 1573
Caspar Scharpf	1573 – 1577
Absalom Stecher	1577 – 1584
Sebastian Leutz	1584 – 1591
M. Johannes Vetter	1591 – 1608

	†16. Okt. 1608
M. Johannes Kürner	1609 – 1611
M. Nikolaus Winter	1611 – 1615
M. Wolfgang Oesterlin	1615 – 1618
M. Johann Jakob Eyb	1618 – 1620
M. Melchior Rempffer	1620 – 1626
M. Johann Jakob Andreä	1626 – 1631
	† 12. Febr. 1631

(Dieser Jakob Andreä war ein Bruder des berühmten Valentin Andreä, der in seiner Selbstbiographie, übersetzt von Seybold p. 131, sagt: „Im Monat Februar 1631 verlor ich meinen einzigen Bruder Jakob, Pfarrer zu Birkenfeld, ob durch die Hand eines Räubers oder durch Gespenster, ist ungewiss. Kurz er wurde in der Nacht getödet, da er 54 Jahr unglücklich, größtenteils unter nichtigen chemischen Versuchen und den Betrügereien einer buhlerischen Frau dahin gelebt hatte.)

| M. Johann Georg Oelmaier | 1631 – 1632 |
| M. Dominikus Stenglin | 1632 – 1633 |

(Hierauf war Birkenfeld 22 Jahre lang ein Filial von Gräfenhausen und wurde von dem dortigen Pfarrer, M. Heinrich Mögling, versehen.

Im Juni 1656 starb Barbara Frankin, von welcher der Pfarrer vermutete, sie treibe Unzucht mit dem Teufel.)

M. Adam Salomo von Lauffen	1657 – 1662
M. Joh. Daniel Schäffer von Heidenheim	1662 – 1670
M. Gottfried Heß von Calw	1670 – 1672
M Jakob Adam Albrecht	1672 – 1673
M. Johann Jakob Eckhardt von Güglingen	1673 – 1677
M. Johann Jakob Glück von Beuren	1677 – 1683

(Wurde von hier nach Ober Rixingen promoviert.)
(Im J. 1682 starben hier nur 3 Menschen.)

M. Wolfgang Lächelin von Ansbach   1683 – 1688
(War vorher 10 Jahre Pfarrer in Gruppenbach bei Heilbronn, das dem Grafen Fugger gehörte.)

Johann Georg Stuber von Calw   1688 – 1692
wurde auf die Pfarrei Münklingen promoviert.

Im Jahre 1692 kam aus Mangel an Pfarrern ein Vicarius hierher M. Julius Jakob Nördlinger. Unter diesem wurde den 15. Sept, (im spanischen Erbfolgekriege) die Kirche zu Birkenfeld von den Franzosen ausgeplündert, beide Glocken weggeführt und das Tauf-Ehe-Totenbuch zerrissen, das jedoch nachher von dem Vikar wieder gesammelt und geordnet wurde.

Nachdem der Vikar Nördlinger endlich im J. 1693 zum Helfer in Ebingen ernannt worden war, kam an seine Stelle als Vikar

M. Albert Erhard Maschold   1693 – 1694
Zu Anfang des 18. Jahrhunderts hatte Birkenfeld wieder einen Pfarrer an

M. Georg Christoph Demmeler von Calw   1694 – 1702
bis er nach Zwerenberg promoviert wurde.

M. Johann Michael Braun   1702 – 1716
von hier nach Döffingen promoviert.

Christian Martin Schönbrodt von Aachen   1716 – 1721
Unter diesem, einem ehemaligen Augustiner Mönch, wurde am 28. Oktober 1717 das Reformations-Jubiläum hier gefeiert, wobei über Apos. 2,5 gepredigt wurde.

Johann Christoph Fichtel von Schweinfurt   1721 – 1730
M. Johann Rudolph Schulz von Tübingen   1730 – 1735
Hernach promoviert auf den Pfarrdienst Unterreichenbach.

M. Christoph Ulrich Reuchlin aus Hohentwiel 1735 – 1744
Hierauf nach Groß Glattbach promoviert

M. Magnus Conrad Zeller von Vaihingen   1744 – 1750

Wurde nachher nach Nussbaum befördert.

(Anno 1750 wurde die 17-jährige Tochter des Michael Schanz, Schwarzlochjägers, die in Ellmendingen Geld geholt, auf dem Riegertswasen ermordet.)

M. Jakob Nikolaus Mittenmaier, von Kirchheim, 1750 – 1759.

Erhielt nachher die Pfarrei Gräfenhausen.

(1757 starb hier ein mallachisches Weib und eine reformierte Zürcherin, die lange in der Gegend praktizierte.)

M. August Mann von Lauffen   1759 – 1764

Wurde nach Oberiptingen befördert.

M. Ferdinand David Geisheimer von Stuttgart

     1764 – 1777 gest.

Lucas Christoph Gottfried Bakmeister   1777 – 1800

Von Schützingen gebürtig, nach allem ein trefflicher Mann, der nach Gräfenhausen befördert wurde.

M. Johann Friedrich Keppler von Wildbad. Als dieser im J. 1800 mit dem Dekan und dem Oberamtmann aufziehen wollte, schlossen ihm die Birkenfelder das Pfarramt und nötigten ihn durch einen tumultuarischen Auflauf samt dem gemeinschaftlichen Oberamtmann unverrichteter Dinge umzukehren. Er ward dem Orte hernach doch aufgedrungen, aber nach einem halben Jahr auf die Pfarrei Dobel versetzt.

Ihm folgte 1801 M. Joh. Friederich Löbert von Vaihingen, unter dessen Amtsführung die Birkenfelder auf den tollen Einfall gerieten, ihrem Schultheißen Volz, in dessen Redlichkeit sie nicht ungegründete Zweifel setzten, in einem Manifest förmlich den Gehorsam aufzukündigen, worauf ihnen eine Compagnie Gendarmen in den Ort gelegt wurde und eine schwere Geldbuße angesetzt wurde. Der Schultheiß aber wurde hintendrein doch mit seinem Anwalt und Bürgermeister ihrer Ämter entsetzt.

Nach Löberts im J. 1820 erfolgten Tode wurde die Pfarrei von Vikarius Laichinger und dann von Pfarrer Germann in Ottenhausen bis Georgii 1823 versehen, wo der gegenwärtige Pfarrer, M. Heinrich Christlieb, von Stuttgart gebürtig, den Pfarrdienst antrat. Im September 1838 wurde dieser als Dekan nach Heidenheim befördert.

Bis zum Eintritt des Pfarramtsverwesers Hoffmann, gebürtig von Stuttgart, versah die pfarramtlichen Geschäfte Pfr. Müller von Ottenhausen.

Pfarramtsverweser Hoffmann (1838-39)

Der Pfarramtsverweser Hoffmann blieb in Birkenfeld vom 11. Oktober 1838 bis September 1839. Ihm folgte im Amt E.G. Mayer von Gruppenbach, Besigheim Oberamts gebürtig, geb. 16. August 1790. Ab 1. Oktober 1839 zog derselbe hier auf. Derselbe war zuvor 3 Jahre in Wildberg und 21 Jahre in Böblingen als Präzeptor angestellt.

Daniel Mondon (1852-62)

Ihm folgte: **Emil Daniel Mondon**, . . . , geb. d. 29. Dezember 1800 in Groß Villars, O.A. Maulbronn. Er zog hier auf am 22. Januar 1852 und war früher 16 Jahre in Triensbach, O.A. Crailsheim und 9 Jahre in Kaltenwesten O.A. Besigheim.

Am 18. Januar 1862 starb er. Seine Leiche wurde nach dem letzten Willen des Verstorbenen genau nach Bretten (in Baden), wo seine Tochter verheiratet gewesen, abgeführt, nachdem eine entsprechende Totenfeier hier stattgefunden hatte.

Am 4. Sept. 1862 tritt an seine Stelle Karl Christian Nefflen, geb. 21. Jan. 1823 in Pleidelsheim, O.A. Marbach. Er zog hier auf schon am 2. Sept. Er war zuvor nahezu 9 Jahre Patronatpfarrer in Essingen, O.A. Aalen.

Abgezogen am 29. Jan. 1868 nach Eschenbach, OA Göppingen.

Am 13. Mai 1868 zieht Pfarrer Reitter hier auf, geb. zu Schönthal 17. Juni 1819. Er war zuvor Pf. In Breitenberg, OA Calw. Er wurde pensioniert am 5. Mai 1875.

An seine Stelle trat den 20. Oktober 1875 der bisherige Diakonatsverweser von Welzheim, Eduard Straub, geb. zu Ulm den 24. März 1847, zog ab am 29. Juli 1878 als Pfarrer in Baltsmannweiler, OA Schorndorf.

III. Die Annalen

1823

Es war am 1. Mai, als der neue Pfarrer von Murrhardt, wo er bisher Stadtpfarrei- und Präzeptoratsverweser [25] gewesen war, mit seiner Frau und Mutter in Birkenfeld aufzog. Die Gemeinde hatte ihm drei Wägen und zwei Chaisen – die eine war aus Missverständnis noch vor des Pfarrers Hochzeit nach Murrhardt gekommen – auf ihre Kosten bis Murrhardt geschickt. In Eutingen holten ihn eine Menge berittener Birkenfelder ein, die mit ihm in Pforzheim einkehrten und in Brötzingen und auf der Ziegelhütte wieder einkehren wollten. An der Grenze der Markung empfingen die Birkenfelder ihren Pfarrer mit Jauchzen und Schiessen, an der Türe des Pfarrhauses die Schulkinder mit Gesang und einem bebänderten Hammel. Hier entließ der Pfarrer seine Begleiter, dankend mit wenig Worten. Den ... [26] wurde er investiert von Dekan Werner, wobei Pfarrer Hecker von Ruith und Stadtpfarrer Burkhardt von Neuenbürg, der die Predigt hielt, Zeugen waren.

Gewöhnlich sind die ersten Moralregeln eines jungen Geistlichen reformierend und polizeilich. So wurde denn auch bald nacheinander ein Umgang während des Gottesdienstes eingeführt, der aber, wie sich nachher zeigte, seine Schuldigkeit schlecht tat; der Klingelbeutel, der nur störte und nichts eintrug, wurde abgeschafft und dafür eine jährliche Subskription eröffnet, die weit mehr als der Klingelbeutel betrug, aber gleich nach der ersten Zahlung von den meisten Bürgern,

---

[25] Lehrer an einer Lateinschule.
[26] Datum fehlt.

61

aus Furcht, diese Ausgabe möchte ein stehender Artikel werden, wieder aufgekündet wurde, so dass jetzt wieder so wenig wie vorher fällt.

Die Schulversäumnisse wurden von nun an streng bestraft, auch jedes Versäumnis der Sonntagsschulen und Kinderlehren. Auch die fremden, hier dienenden Kinder wurden dreimal wöchentlich zur Schule und die konfirmierten zur Sonntagsschule angehalten.

Die Trennung zwischen Ledigen und Verheirateten beim Abendmahl wurde aufgehoben, so dass nun auch Ledige mit Verheirateten kommunizieren konnten.

Allerlei Entweihungen des Sonntags wurden gerügt und bestraft, besonders an den ledigen Söhnen, die in der Kirche, und an den Wirten, die außer derselben Störungen der Ordnung veranlassten, allerlei Exempel statuiert.

Auch die Vorsitze wurden nunmehr kirchenkonventlich [27] reguliert, und das Schießen [28] bei Hochzeiten und Taufen streng untersagt, was dem Schultheißerei-Verweser, Tobias Ilg, einem ehrlichen, aber schwachen und einfältigen alten Mann viele Mühe machte.

Zu Ende des Winters und Anfang des Frühlings wütete ein ansteckendes Scharlachfieber hier, das eine große Menge Kinder wegraffte.

Der Wein, der nicht einmal zum Zeitigen kam, erfror noch dazu großenteils. Er wurde um 22 f. verkauft, der württem-

---

[27] Vorsitz: Abendliche Zusammenkünfte, vor allem im Winter, in den Häusern, zur Erzählung von Geschichten. Der Kirchenkonvent, von 1642 bis 1891, war ein kirchliches Gericht zur Bestrafung von „Gotteslästerei und Fleischesverbrechen". In der Regel bestand das Gericht aus fünf Personen: Pfarrer, Schultheiß, Heiligenpfleger (Kirchenpfleger) und zwei weitere Personen.

[28] Schießen: eine Art Vorlauf des heutigen Silversterschießens.

bergische Zehntwein pro Eimer um 8 f. [29]. Die übrigen Früchte gerieten alle, den Klee ausgenommen.

1824

Im Februar ging es hier sehr stürmisch zu. Es war Schultheißenwahl und der Kompetenten [30] waren mehrere. Vor allem zeichnete sich Michael Ilg, ein reicher Bauer, Christian Dittus, minder vermöglich, aber an Fähigkeit allen überlegen, und Johannes Wessinger aus. Die Bürgerschaft, in Aristokraten und Demokraten geteilt, spaltete sich feindseliger als je. Der Umtriebe durch Geld, Versprechen, Drohen, Wein, Bearbeiten, Schmeicheln – war kein Ende. Dittus, an der Spitze der Demokraten, benahm sich noch am besten. Die Aristokraten spalteten sich zwischen Ilg und Wessinger. Endlich kam noch ein Schreiber aus dem Oberamt als Kompetent hinzu, der aber von allen verworfen wurde. Bei der Abstimmung endlich erhielt Ilg die meisten Stimmen, nach ihm Dittus, dann Wessinger. Dennoch wurde Dittus durch den Oberamtmann und andern, die in Reutlingen Verbindung hatten, begünstigt, das Schultheißenamt, das er bisher zum bleibenden Nutzen der Kommune verwaltet. [31] Es ward ihm aber noch sauer gemacht. Einige von der Gegenpartei stifteten einen Schuster, Andreas Wessinger, einen Menschen, der zu allem fähig ist, an, den neuen Schultheißen eines Diebstahls anzuklagen. Dittus aber,

---

[29] Zehntwein ist der Anteil der Weinernte, den der Landesherr erhält.

[30] Kompetenten: Bewerber

[31] Satzkonstruktion: [Dem]Dittus wurde das Schultheißenamt [gegeben]. Zur Sache: Dittus war seit 1818 Schultheiß und wurde trotz seiner Wahlniederlage von der Kreisregierung in Reutlingen bestätigt.

der sich seines Klägers Wanderbuch zu verschaffen gewusst, bewies daraus, dass derselbe zu der Zeit, wo er den Diebstahl bemerkt habe, in der Fremde gewesen sei.

Unter der Mitwirkung dieses klugen, tätigen, furchtlosen Mannes setzte nun der Pfarrer den Kampf gegen das Saufen fort und brachte es, unterstützt durch das Ruggericht [32], bei dem er klagte, dahin, dass der Hauptsäufer, Jonathan Regelmann, vulgo Schmidle, der die andern verleitete und frei hielt, für mundtot erklärt und ihm ein Pfleger gesetzt wurde. Mehrere andere wurden von dem Schultheißen mit gleicher Strafe bedroht.

Es wurde, um den Unordnungen der ledigen Burschen in der Kirche zu steuern, ein Kirchenrüger [33] aufgestellt. Am 11. Juli wurde der Schulmeister Oelschläger zum Heiligenpfleger gewählt.

In der Nacht vom 29. bis 30. Oktober wurde unsere Gegend wie das ganze Land und stärker fast ganz Europa von einer schauerlichen Überschwemmung heimgesucht. Es hatte schon mehrere Tage lang geregnet, freitags 29. Oktober regnete es 24 Stunden lang unaufhörlich mit immer gleicher Heftigkeit. Die kleinsten Bächlein wurden zu Strömen; die Enz schwoll zu einer nie erfahrenen Höhe an; in Wildbad und Neuenbürg stürzten mehrere Häuser und eine große Zahl von Scheunen ein; alle Brücken wurden abgeworfen von Wildbad bis Enzweihingen. Der Sägmühle und der Mahlmühle drohte die augenscheinlichste Gefahr. Die Sensenfabrik, deren Grundmauern die Holländerbalken eingestoßen hatten, wurde nur durch ein Wunder gerettet. Häuser, Stege, Brücken, Bäume,

---

[32] Eine Bürgerversammlung, bei der man sich über Ämter und Amtsinhaber beschweren konnte.

[33] Vgl. Kirchenkonvent Anm. 22.

Hausgeräte schwammen bunt durcheinander. Ungeheure Steinblöcke wälzten sich daher. Die Floßbalken dröhnten und stießen mit furchtbarer Gewalt an alles, was ihnen im Wege stand. Ganze Wiesen wurden durch das Wasser weggeschwemmt und der Boden oft bis 8 Schuh tief [34] weggeführt, was übrigblieb, wurde mehrere Schuh hoch mit Sand überschüttet. Der Schaden der Birkenfelder, den ihnen die Enz verursachte, wird ganz gering zu [35] angeschlagen. Auch von den Pfarrwiesen wurden 1½ Viertel weggerissen und das übrige verwüstet.

Es war ein schauerlicher Anblick, den der Referent hatte, als er sonntags darauf an der Enz hinauf nach Neuenbürg ging und die Birkenfelder ihre Wiesen suchten und nicht mehr fanden oder in der großen Sandfläche nicht mehr unterscheiden konnten. Die Enz hatte an den meisten Orten einen ganz anderen Lauf genommen. Doch war das Elend in Neuenbürg noch herzzerreißender. Die Kommunikation war gesperrt. Hausrat lag in allen Gassen, leere Baustellen, Häuser am Einstürzen, Schrecken und Schmerz und Staunen auf allen Gesichtern. Doch war kein Mensch dabei umgekommen. Einige Tage später stürzte jedoch in Höfen ein junger Maurer namens Wildpret von einem Stege in die Enz und wurde von derselben auf Birkenfelder Markung ausgeworfen und hier begraben [Am 6.11.1824].

Nach wenigen Tagen arbeitete alles – wie Ameisen – an der Wiederherstellung des zerstörten Baus.

Auch dieses Jahr missriet der Wein. In der württembergischen Kelter wurde gar kein Zehntwein gemacht. Um 1 f.

---

[34] 8 Schuh: gute 2 Meter.

[35] Angabe fehlt im Original.

wurden die sauren Trauben verkauft, der Mittelpreis des Weins war 18 f.

Am 28. Oktober wurde oberhalb der Schwarzlochsägmühle Georg Adam Wolfinger, ein hiesiger Taglöhner, erhängt an einem Baum gefunden – ein ruchloser, liederlicher Mann von 51 Jahren, der durch Branntweinsaufen sich um Ehre, Vermögen, Verstand und sein Schweinehirtenamt gebracht hatte und in Verzweiflung endete.

Im Jahr 1824 fing – veranlasst durch den Schultheißen – die so höchst notwendige Verbesserung der Wege in und außer dem Dorf an, anfangs zur großen Unzufriedenheit der meisten. Im oberen Dorfe war der Weg vom Burgweg bis zur Heergasse bisher ein bloßer Bach. Auch wurden rechts und links vom Burgweg auf der Wiese des Abraham Oelschläger und dem Acker des Christoph Wolfinger Brunnen gegraben, die jedoch zu keinem Resultate führten.

1825

Am Pfingstmontag Morgen wurde Andreas Bizer, ein unbemittelter Bauer von hier, von verschlossenem Charakter, den Mutlosigkeit, üble Ehe und Lebensüberdruss peinigten, hinter seinem Hause erhängt gefunden.

Am 4. Juni wurde der 21-jährige Johannes Höll, einer Wittwe Sohn, im hiesigen Steinbruch verschüttet und starb wenige Stunden darauf.

In diesem Sommer wurde die Orgel durch den Orgelmacher Häckle von Neuenbürg gänzlich repariert. Die Verbesserung der Wege wurde sehr fleißig fortgesetzt.

Das Jahr war äußerst fruchtbar und Birkenfeld besonders glücklich, da in Ottenhausen, Ellmendingen etc. der Weinstock im Frühjahr ganz erfror, hier hingegen noch ziemlich viel Wein wuchs, der um 48 – 51 f. verkauft wurde.

1826

Im Januar wurde durch den Pfarrer eine Industrieschule für Mädchen im Nähen und Stricken angelegt, cf. Kirch.-Conv.Prot. pag. 203 ff., die bis in den April 60 Mädchen beschäftigte.

Am 18. Januar erhielt der Pfarrer auf seine Eingabe um Entschädigung für seine überschwemmten und zerrissenen Besoldungswiesen statt 50 f. wie er und der Magistrat und das Kameralamt den Schaden geschätzt, von dem Unterstützungsfond – 20 f.

Auch der Gemeinde wurde in diesem Monat von den 30.000 f., die das Oberamt für Neuenbürg erhalten hatte, ... f. [36] ausgeteilt.

Dieses Frühjahr wurde auf Kosten der Kommune die ganze Landstrasse von der Brötzinger Grenze bis an den Eichwald und mehrere Seitenstrassen mit Obstbäumen besetzt und an der Grenze und der Ziegelhütte, als Symbol des Fleckens, mit Birken. Auch ließ die Herrschaft ein eigenes Zollhäuschen bauen, während bisher der Ziegler den Zoll besorgt, und setzte einen Landjäger Obermann als Zollner darein, der in kurzer Zeit unzählige Betrügereien, zum Teil sehr bedeutende, aufdeckte, wodurch sich selbst angesehene Männer des In- und Auslandes kompromittierten.

Die Gemeinde verkaufte dieses Frühjahr den ganzen Erlachwald mit allen seinen Eichen, um der Holzdiebstähle der

---

[36] Angabe fehlt.

Dietlinger überhoben zu sein. Der ausgestockte Platz wurde vermessen und jedem Bürger ein halb Viertel und 9 Ruten um 7 f. 30 kr. erlassen. Auch der Pfarrer erhielt so viel und durfte sich zuerst wählen, wo er wollte, nach ihm der Schulmeister, der als wirklicher und als Ehrenbürger einen doppelten Teil bekam, und der Schultheiß. Die übrigen alle mussten losen.

Im März dieses Jahres ereignete sich hier eine sehr tragische Geschichte. Ein vermöglicher, rechtlicher Bauer, Friedrich Schimpf, in der Nähe des Pfarrhauses wohnend, arbeitete am 7. März im Weinberg mit einem Knechte, der ein Bruder seines Weibs war. Seine einzige Tochter, Rosine, ein blühendes Mädchen von 21 Jahren, trug den beiden ihr Essen, einen geräucherten Schweinsmagen, Einkeidel genannt, und Erdbirnschnitze [37] hinaus in den Weinberg, und alle drei ließen es sich wohl schmecken. Auch die Frau, die an diesem Tag nach Pforzheim ging, hatte davon, wiewohl nur sehr wenig genossen. Zwei Tage nachher klagte die Tochter über Dunkelheit ihrer Augen, dass sie oft selbst die Rebe nicht sehe, an der sie arbeiteten. Der Vater, der aufs Rathaus wollte, bekam heftiges und wiederholtes Erbrechen, das der Branntwein nicht heben wollte. Der Knecht, der inzwischen wieder heim nach Obernhausen gegangen war, konnte vor Übelkeit und Mattigkeit nicht zur Auswahl nach Neuenbürg gehen und trank, um sich zu erleichtern, fast ein Maß Öl. Dessen ungeachtet machte Schimpf erst am 10. abends einem zufällig an seinem Hause vorbeigehenden Accoucheur [38] eine Anzeige seiner Übelkeit, die der Arzt sogleich auf Wurstvergiftung leitete, die auch die Aussage aller, dass die Wurst ganz sauer gewesen, bestätigte. Alle angewendeten Mittel aber kamen zu

---

37 Kartoffelschnitze.

38 Accoucher: praktischer Arzt, besonders Wundarzt und Geburtshelfer.

spät. Am 11. sah Schimpf alles doppelt, selbst den Pfarrer, der an seinem Bette saß; er konnte nicht mehr schlingen, selbst die laue Milch, die er noch trank, kam ihm wieder zur Nase heraus, und die Augenlider wurden zuletzt so schwer, dass, wenn er etwas sehen wollte, er mit den Fingern dieselben aufheben musste. Das Mädchen schlummerte beständig und starb endlich am 12. sanft und ruhig. Desto härter war der Kampf ihres unglücklichen Vaters, der sein einziges Kind um 30 Stunden überlebte und kurz vor seinem Ende noch aufstand, sich in die Kammer führen ließ, wo die Leiche seiner Tochter lag, und dort vor ihr jammernd in die Knie sank. Der Knecht wurde wieder hergestellt; die verlassene Mutter dachte erst, als ihre Lieben gestorben, an sich und, gleichfalls eine Dunkelheit in den Augen und Hindernis beim Schlucken verspürend, legte auch die sich und kränkelte den ganzen Sommer noch hin-durch, bis endlich das Gift vollends ausgestoßen wurde und nur noch Mattigkeit zurückblieb.

Der Geistliche hatte bei dieser traurigen Geschichte un-endlich viel zu tun, die verblendeten Bauern zu überzeugen, dass all das Unheil von einer sauren Wurst herrühre. Sie wollten's anfangs schlechterdings nicht glauben, weil sie selbst schon so oft saure Würste ohne Schaden genossen.

Am 4. April ereignete sich abermals ein Unglück, indem Johannes Regelmann, ein junger Schmied von hier, von dem Mitteldach in der Scheune herunterstürzte und den Hinterkopf zerschmetterte und sogleich starb.

Anfangs Juli brach im Hause des Alt Christoph Müller ganz in der Nähe des Pfarrhauses früh um 5 Uhr Feuer aus, indem auf einem Herde gekocht wurde, dessen Kamin abge-brochen war und dadurch das hart an der Kaminöffnung auf der Bühne aufgehäufte Brennholz sich entzündete. Der Pfarrer verlieh eben seinen Hanfzehnten, als das Weib des Müllers händeringend auf der Strasse Feuer schrie und der erste Rauchwirbel emporstieg. Glücklicherweise konnte alles gelöscht werden, noch ehe die fremden Feuerspritzen ankamen.

Gottfried Müller, der verwittweten Zieglerin Tochtermann, baute diesen Sommer ein Wirtshaus auf der Strasse bei der Ziegelhütte und erfüllte dadurch einen lang gehegten Wunsch der Neuenbürger Honoratioren.

Der Schultheiß Dittus kaufte der Herrschaft Baden die Erlachkelter für die hiesige Gemeinde um 1100 fl. ab. Desgleichen wurden die Zehnten aus den Weinbergen, welche die Birkenfelder auf badischem Grund und Boden besitzen, auf 20 Jahre gegen jährliche 535 f. abgelöst. Da nun der diesjährige Ertrag der Kempfberge 1000 Eimer [39] oder 22.000 f. betrug, von denen der Achte [40] 2780 f. ausgemacht hätte, so hatte die Gemeinde in diesem einzigen Jahre nicht nur die Kelter frei umsonst bekommen und die jährliche Abgabe bezahlt, sondern noch 915 f. gewonnen. Es wurden im Ganzen 1200 Eimer Wein gemacht, die also im Mittelpreis 26.400 f. betrugen.

Obst gab es dieses Jahr wenig. Die Blüte war zu kalt und nass. Der Weinstock, an dessen Gedeihen man noch im Juni gänzlich verzweifelte, trug so reichlich, dass das Viertel im Durchschnitt auf drei Eimer geschätzt wurde. In der Tiefenbach wurde er so gut wie in der Kempf und galt von 20 - 25 f. Die Gärung ging außerordentlich schnell vorüber. Auch alle Feldfrüchte gediehen.

Der Pfarrzehnte betrug dieses Jahr

Klee	93 f.
Hanf und Flachs	26 f.
Erbsen, Wicken	4 f.

---

[39] 1 Eimer württembergisch Maß: 294 Liter.

[40] Der achte Teil ging als Zehntwein an den Großherzog von Baden.

Erdbirnen zusammen	200 f.
Rüben	17 f.
Summe	330 f.

Im Laufe des Sommers wurde in der Heergasse eine Quelle gefasst und in das Dorf geleitet. Im Herbst wurde der Feuersee tiefer gegraben und neu gefasst, desgleichen ein neues Waschhaus für die Gemeinde dabei erbaut. Am 7. November fiel der erste Schnee.

Bei dem am 7. November dahier abgehaltenen Ruggericht drang der Pfarrer auf Erweiterung oder Erneuerung der Kirche und des Turms. Nach genommener Einsicht erklärte das ganze Gericht, alle Gemeinderäte, Schultheiß und der Oberamtmann, sie erkennten die Notwendigkeit einer Reparatur und Erweiterung beider Gebäude, und der Werkmeister Müller von Pforzheim wurde berufen, um anzugeben, wie viel noch stehenbleiben könne.

Am Schlusse des Jahres ereignete sich noch folgende sonderbare Geschichte. In der Mitte Dezembers ward von Brötzingen her ein lediger Mensch namens Friedrich Maier von Neubulach hierher transportiert und, weil er Blutspeiens wegen nicht weiter gebracht werden konnte, hier vom Schultheißen in einem Wirtshaus einquartiert und gepflegt. Bald zog der Fremde Brötzinger und Büchenbronner Pietisten, die sich selbst Rechtgläubige nennen, zu sich, die die Abwesenheit des Pfarrers, der damals gerade in Stuttgart war, benützten und förmliche Stunden hielten. Der Pfarrer besuchte bei seiner Rückkehr den Kranken, der ihm eine lange, verworrene Erzählung machte, wie er vor neun Wochen in Mühlacker das Unglück gehabt habe, im Dienste des dortigen Müllers von einem Stein, der vom Wagen fiel, gequetscht und an drei Rippen, die gebrochen wurden, beschädigt worden zu sein. So christlich die Äußerungen des 24jährigen klangen, so war doch vieles in seinem Betragen, was des Pfarrers Verdacht erregte. Er weigerte sich, vom Dr. Lohner, der ihn unaufgefordert, aus Mitleiden, besuchte, sich assistieren zu lassen; er war, wenn der Pfarrer ihn besuchte, seinen klaren Augen, seinem ruhigen Pulse nach ganz gesund, und doch hatte er bald vor-, bald nachher Anfälle, dass die Umstehenden seinen Tod erwarteten. Er hatte Gelüste des Morgens nach Kaffe, des Mittags nach Wurst oder Braten und Salat, nach altem Wein und dergleichen, und seine Zeugnisse bestanden bloss in einem Attestat, dass er 15 Wochen in Mühlacker gedient, und in einem Schreiben vom Vogte zu Brötzingen, das jedoch nur die eigenen Angaben des Maier enthielt. Überdies ward dem Pfarrer bange, durch diese Gelegenheit möchten pietistische und gar separatistische Spaltungen in der Gemeinde einreißen. Sobald er daher von den Betstunden Nachricht erhielt, machte er den Schultheißen mit den Gesetzen hierüber bekannt, der dem Kranken und seinem Wirte die Betstunden sogleich verbot. Der Pfarrer aber ging selbst nach Brötzingen, um durch den dortigen Vogt den Brötzingern und Büchenbronner Pietisten das Gottesdiensthalten verbieten zu lassen. Hier erfuhr er durch den dortigen Vikar, dass der Bursch in Brötzingen seine Krankheitsgeschichte ganz anders erzählt und sich ebenfalls geweigert habe, von dem Dr. Bergmann sich untersuchen zu lassen, so dass dieser ihn entweder für epileptisch oder für einen Betrüger erklärt habe. Noch am nämlichen Abend besprach sich der Pfarrer mit dem Schultheißen, und beide schrieben sogleich, der eine an den Dekan in Dürrmenz, von dem Maier täglich in seiner Krankheit besucht worden zu sein vorgab, der andere an den Ortsvorsteher von Mühlacker und schickten die Briefe mit Anbruch des Tages durch einen Expressen ab. Die Antworten schilderten den Verdächtigen wirklich als ein schlechtes Subjekt, das schon mehrmals gestohlen, sich am 1. Advent mit 11 Schoppen betrunken habe, als einen Betrüger, der zwar gebrochen und epileptisch sei, aber nichts weniger als das von ihm angegebene Unglück erlitten habe. Nach einem derben Verweise, den der Gauner vom Schultheißen, vom Pfarrer und besonders von den betrogenen Pietisten erhalten, ließ ihn der Schultheiß statt ans Oberamt aus Mitleiden in seine Heimat transportieren. Der Eindruck, den die Geschichte dieses entlarvten scheinheiligen Betrügers in der Gemeinde machte, war gewiss nicht zum Vorteil der jetzt überall herumziehenden Winkelprediger und kann mit Gottes Hilfe manche Frucht tragen.

1827

Der Winter war äußerst gelind, bis in der Nacht vom 17. auf 18. Januar ein tiefer Schnee fiel, der auch liegen blieb bis zum 26. Februar, dem Fastnachtstage, an welchem es zu tauen anfing. Der Schnee wuchs nach und nach so an, dass mehrere Tage lang die Strassen nicht zu passieren waren, dass der Hohlweg von der Ziegelhütte in den Flecken ganz und gar eben voll geschneit war und länger als fünf Wochen die Bahn neben [41] auf den Äckern sich hinzog. Ebenso war's mit dem Wege nach dem Schönbügel. Auf der Landstrasse fuhr man zwischen Mauern von Schnee, die oft sechs Fuß hoch waren. Meistens lag der Schnee bei uns zwei Schuh hoch. Auch die Kälte war so auffallend und so streng, dass viele sie für härter hielten als in den 80er Jahren. Am 17. Februar hatte das Thermometer unter 22 Grade unter Null. Unzählige junge Bäume wurden von hungernden Hasen zernagt; die Reben

---

[41] Fahrbahn daneben.

erfroren, soweit sie aus dem Schnee hervorragten. Am 26. Februar ging der Schnee schnell und plötzlich im ganzen Lande und, zum Preise Gottes, gegen alles Vermuten ohne den mindesten Schaden.

Am 14. März wurde aus Veranlassung des vorehelichen Zusammenwohnens der Tochter des David Höll von hier und ihres Bräutigams, des Johannes Mössner von Brötzingen, von dem gemeinschaftlichen Amte das Gesetz aufgestellt, dass von nun an der Bräutigam nie früher als am Tage der Hochzeit zu der Braut oder sie zu ihm ziehen dürfe.

Am 13. Mai abends wurde der benachbarte badische Flecken Stein durch ein fürchterliches Unwetter mit Wolkenbruch und Hagel verheert. Mehrere Häuser und die Mühle wurden von Grund aus weggerissen. Elf Menschen ertranken, darunter vier Kinder eines nun kinderlosen Elternpaars. Bei 200 Stück Vieh kamen ebenfalls im Wasser um. Noch drei Tage nachher wurde der Hagel in Kärchen weggeführt. In Birkenfeld regnete es nur wenige Tropfen.

Diesen Frühling wurde hinter der Sonne bei der Ziegelhütte eine große Baumschule angelegt und mit 1200 Stück junger Bäumchen ausgesetzt. Auch wurde im oberen Dorf unten an der Heergasse ein neuer Brunnen errichtet, dessen Quelle oben in der Heergasse ungefähr in der Mitte zwischen dem Walde und dem Flecken befindlich ist. Durch die strenge Kälte waren die Reben, soweit sie über den Schnee hervorstanden, ganz erfroren, so dass nur die untersten Augen wieder ausschlugen. Die vielen und schönen Reben an den Häusern waren gleichfalls bis auf den Kopf zugrunde gegangen.

Am 3. August morgens 5 Uhr schlug während eines heftigen Gewitters der Blitz in des Schultheißen Haus, ganz in der Nähe des Pfarrhauses. Der zündende Strahl fuhr zum

Giebel des Daches hinein, verbrannte einen Sparren und einige Latten und ging zur anderen Seite des Dachs wieder hinaus und längs dem Dache herunter. Durch die Besonnenheit des Schultheißen, der mit seinem Sohn sogleich löschte, wurde einer großen Gefahr vorgebeugt. Es scheint, als ob der Strahl sich gespalten habe, indem ein Strahl am Dache herunter fuhr, Ziegel und Bretter zerschmetterte und dem Draht, der von des Schultheißen – am Schul- und Pfarrhaus vorüber – in des Schützen Haus führte, diesmal aber zum Glück zerrissen war und zu Boden hing, sichtbarlich nachfolgte, dass der Glast im Pfarrhause nicht nur die Augen beinahe blendete, sondern auch die Rebe am Schulhause, da wo der Draht sie berührte, ganz verbrannt wurde. Ein anderer Teil des Strahls schlug dagegen durch den Boden der Bühne in des Schultheißen Haus, fuhr dem Durchzugsbalken nach und an der äußeren Oberfläche des Hauses herunter, schmolz einen Teil der blechernen Zollamtskette, von welcher er durch eine Rebe, die gänzlich verbrannt wurde, abwärts bis an den Fuß der Grundmauern geleitet wurde, durch welche er noch zwei Löcher durchschlug und erst im Keller in die Erde sich begrub.

Am 14. August wurden 12 f., von der Gemeinde für die dieses Jahr überschwemmten Oberämter gesammelt, ans gemeinsame Oberamt eingesendet.

Am 19. August gab es die ersten reifen Trauben. Der Herbst war der Quantität nach sehr gering, indem nur so viel Bütten im Ganzen gelesen wurden als im vorigen Jahr Eimer. Dagegen wurde die Qualität sehr gut, und der Preis des Kempfweins stieg, weil der Wein frei nach Baden gehen durfte, das heuer sehr wenig Wein bekommen und auf den Eimer Württemberger Wein 14 f. Eingangszoll gesetzt hatte, bis auf 47 f. Der Wein auf Württembergischer Markung wurde zu 35 - 30 f. verkauft. Obst aller Gattung gab es heuer sehr wenig.

Am 25. September wurde in einer Sitzung des Stiftungsrats der Bau einer neuen Kirche nebst Turm einstimmig beschlossen. Nach dem ruggerichtlichen Beschluss vom 7. November 1826 (cf. p. 145) besichtigte der Werkmeister Müller von Pforzheim die alte Kirche und erklärte, dass sie durchaus keiner Reparatur mehr fähig sei, ebenso wenig der Turm, von dem bloss die untere steinerne Mauer noch stehenbleiben könne. Er verfasste darauf Riss und Überschlag zu einem neuen Gebäude. Der Bauinspektor Dilennius von Calw übergab die Revision von Riss und Überschlag an den Werkmeister Hensler von Altensteig, der über vier Monate, aller unserer Mahnungen ungeachtet, zögerte und endlich einen neuen Riss und Überschlag verfertigte, der für den beschränkten Raum, auf dem die Kirche erbaut werden sollte, ganz und gar nicht passte. Daher ward vom Bauinspektor Dilennius der dritte Riss verfertigt und der Überschlag wieder geändert. Dieser letzte Riss wurde mit einigen Abänderungen angenommen. Der erste Riss und Überschlag kostete 27 f.[42], der zweite 63 f. und der dritte 56 f. Nach dem letzten Überschlag waren die Kosten des ganzen Bauwesens, Holz, Beifuhr und alles mitgerechnet, auf 9354 f. angeschlagen.[43] Bei der am 29. Oktober vorgenommenen Verabstreichung wurden weggeschlagen

von der	Maurerarbeit -	154 f.
-	Steinhauer -	144 f.
-	Ipser -	337 f.
-	Zimmer -	285 f.

---

[42] Org: Anmerkung mit Bleistift: 26 fl. 30 kr.

[43] Org:Anmerkung mit Bleistift: „abgesehen Turm".

- Schreiner -   307 f.
- Schlosser -   87 f.
- Schmid -   167 f.
- Glaser -   134 f.
- Flaschner -   50 f.
- Pflasterer -   48 f.
- Anstreich -   43 f.
- Uhrmacher -   29 f.

Im Ganzen also 8683 f., so dass sämtliche Kosten noch betrugen: f.[44] Die Maurerarbeit erhielt nämlich Medinger von Deckenpfronn um 3030 f. die Grabarbeit eingerechnet, die Steinhauerarbeit Reutter von Neuenbürg um 1750 f. die Ipserarbeit Fürderer von Calw um 365 f. die Zimmerarbeit Walther von Neuenbürg um 4100 f. die Schreinerarbeit Zoll von Engelsbrand um 895 f. die Schlosserarbeit Allinger von Neuenbürg um 178 f., die Schmidarbeit Seyfried von Wildbad um 280 f., die Glaserarbeit Schäfer von Dürrmenz und Cons. um 300 f., die Flaschnerarbeit Gravenauer von Pforzheim um 44 f., die Pflasterarbeit Theilmann von Pforzheim um 60 f., den Anstrich Zoll um 100 f., die Uhrmacherarbeit Kreck von Zell um 29 f.

Am 15. Oktober erhielt das Pfarramt durch das Kameralamt folgendes Schreiben:

Die Pfarrei Birkenfeld hat an den Außergewöhnlichen Gemeinds-Ausgaben in Weg- und Steg-Baukosten betreffend der Gemeindsverrechnung Büchenbronn, p. 1825 - 26 laut genehmigtem Umlags-Register vom 10. d. M. auf ihr Steuer-

---

[44] Die Angabe der jeweiligen Summe fehlt, die Zahlen sind mit Bleistift teilweise überschrieben, beziehen sich aber auf die tatsächlichen Kosten, nicht auf die erreichten Abzüge. Als Gesamtbausumme ist mit Bleistift eingetragen: Org: 8683 f.

kapital ad 1070 f. an 120 f. 50 kr. 2 f. 4 kr. beizutragen,
welches dem Königl. Würt. Wohl. Cameral Amt in Neuenbüg zu
gef. Auszahlung des Betrags an die Gemeinde Büchenbronn in
Freundschaft bekanntgemacht wird.
Pforzheim, den 8ten Juni 1827
Grosherzogl. Amtsrevisorat
Seuffert

Dieses Schreiben war von einem anderen begleitet folgenden Inhalts:

Das Grosherzogl. Badische Amtsrevisorat Pforzheim hat in
angeschlossenem Schreiben einen Beitrag von 2 f. 4 kr. zu den
Außergewöhnlichen Gemeindeausgaben zu Büchenbronn auf
das Steuer-Capital der Pfarrei Birkenfeld verlangt. Ehe jedoch
diese Zahlung geschehen kann, ist Nachricht nötig, worin jene
Außergewöhnlichen Ausgaben bestanden, um ermessen zu
können, ob nicht etwa der Pfarrer als Nutznießer solche zu
bezahlen habe.
Neuenbürg, am 6. Juli 1827
Das Königl. Würtemb. Cameral Amt
Kraft

Die fragl. Außergewöhnlichen Ausgaben bestehen in Weg-
und Stegbaukosten außerhalb des Orts, und fällt der Beitrag
nach diesseitigem Gesetz dem Nutznießer zur Last.
Pforzheim, den 12. Jul. 1827
Großherzogl. Amtsrevisorat
Seuffert

Da das Cameral-Amt nur die Staats-Steuer von den Pfarr-
gütern zu zahlen hat, die übrigen Anlagen aber den Nutznießer
angehen, so wird gegenwärtiges Schreiben Sr. Hochwürden,

dem Pfarrer Christlieb, zur weiteren Berücksichtigung zuge-
sandt.

Neuenbürg, den 12. Okt. 1827
Kameral Amt
Kraft

Auf dieses wurden von dem Pfarramte am 22. November
erwidert:

Hochloebl. K. Cam.Amt hat mir unterm 12. Octob. d. J.
anliegende Forderung von 2 f. 4 kr. mit dem Ansinnen zuge-
schickt, dieselbes zu berichtigen. Da dergleichen Abgaben bis-
her nie von der Pfarrey bestritten werden durften und mein
Vorfahre, wie ich gewiss weiss, sie nie bezahlt hat, so befragte
ich mich zuvor, ob ich die Forderung zu bezahlen auch ver-
pflichtet sei. Männer vom Fache versichern, dass sie die
Begründung dieses Ansinnens nicht einsehen, indem es in
Kostenzettel sich nicht von Anlagen auf den Pfarrgütern,
sondern von einem Bautensteuerbeitrag handle, der nicht
unter den die Pfarrei betreffenden Bauten und Reparationen
aufgeführt ist, sondern einen Beitrage zum Communschaden
von Büchenbronn, den im Württembergischen der Pfarrer nie
zu entrichten habe. Die badischen Gesetze aber werden, wie
ich hoffe, auf einen württembergischen Pfarrer nicht ange-
wendet werden. Gott sei Dank! dass wir billigere haben. Sollte
daher das hochloebl. Kön. Cam.Amt die Ansicht des Gh. Buch-
halters, der mir den Zettel zur Bezahlung zuschickte, teilen, so
ersuche ich das hochloebl. Cam.Amt meine Zweifel dem
hochpreisl. Finanzcollegium in Reuttlingen zu berichten und,
wenn ich auf die Entscheidung desselben provozire, es nicht
übel zu deuten.

Hochlöbl. Cam.Amts ghm. Diener
Christlieb.

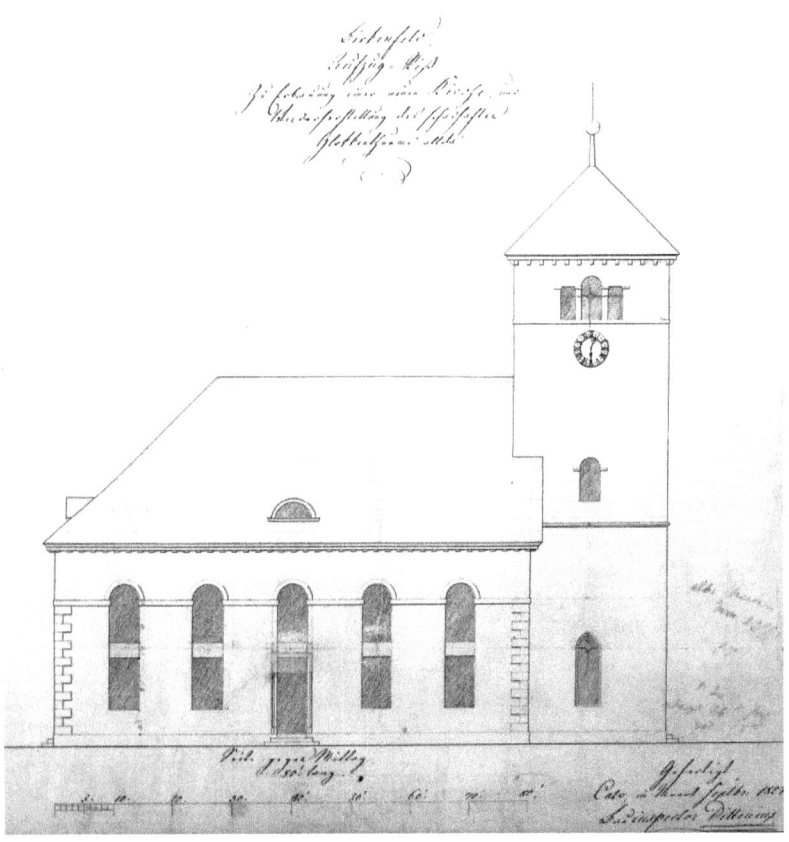

Der erste Entwurf für die neue Kirche

Anfangs Dezember wurde das Fundament zur neuen Kirche gegraben. Dabei mussten 35 Särge, größere und kleinere, wieder ausgegraben werden. Während dieses Ausgrabens und der Wiederbeerdigung wurden die Kirchhoftüren geschlossen, und der Pfarrer war jedes Mal anwesend, damit alles in gehöriger Ordnung geschehe. Die meisten Särge mussten mit Weiden zusammengebunden werden, damit sie nicht ganz auseinanderfielen und die traurigen Überreste dem Tageslicht, von dem sie so lange (5 - 9 Jahre) geschieden waren, blossgäben.

1828

Am 18. März wurde der Anfang mit Niederreißung der alten Kirche gemacht. Am Feiertag Mariä Verkündigung wurde zum ersten Mal der Gottesdienst in der Kelter [45] gehalten. Bei Ablegung des Turms fand sich, dass die steinerne Grundmauer Risse hatte und die große Last, die auf sie bestimmt war, nicht zu tragen vermöchte. Es wurde daher beschlossen, auch sie niederzureißen und die Kirche auf eine ganz andere Stelle zu setzen, dass sie mehr ins Licht käme.

Am 1. Mai, dem Feiertag Philippi und Jakobi, wurde der Grundstein zu der neuen Kirche feierlich gelegt. Der Magistrat, der Oberamtmann, der Pfarrer, der Architekt, der das Bauwesen leitete, Kempter von Stuttgart, und die Maurer- und Steinhauermeister versammelten sich um 10 Uhr auf dem Rathause und unterzeichneten dann die Urkunde, die der Pfarrer verfasst und der Schulmeister auf Pergament geschrieben hatte. Unter dem Läuten der Glocken und dem Schießen der ledigen Burschen zog der Zug vom Rathaus auf den Bauplatz, voran die Schulkinder mit bebänderten Maien, dann der Architekt mit seinen Meistern, dann der Oberamtmann, dann Pfarrer und der Schultheiß, hierauf der Gemeinderat und dann die übrigen Bürger und eine große Menge aus den benachbarten Orten, besonders von Neuenbürg. Die Gemeinde der Zuhörer brachten sich durch beleidigte Eitelkeit, weil sie ihrer Meinung nach hintangesetzt worden seien, um die Freude und

---

[45] Die Kelter an der Dietlinger Straße von 1910 bis 1986 Kindergarten.

die Ehre dieses Tages. Als man am Platze angekommen war, sangen die Schüler folgenden Vers aus dem Liede Erhalt uns Herr bei deinem Wort:

O Gott! lass dir befohlen sein
unsre Kirch, die Kinder dein.
In unsrem Glauben uns erhalt
und rett uns von der Feind Gewalt.
Lass alle Welt erkennen doch,
dass du, unser Gott, lebest noch
und hilfst gewaltig deiner Schar,
die sich auf dich verlässet gar.
So werden wir, die Kinder dein,
bei uns selbst und auch in der G'mein
dich, heilige Dreieinigkeit!
loben darum in Ewigkeit.

Hierauf hielt der Pfarrer eine Rede, an deren Schlusse er ein Gebet um den göttlichen Segen sprach, worauf der Schultheiß die Urkunde verlas und dann die Grundsteinlegung vor sich ging. An der nordöstlichen Ecke des Turms ist ein Eckquader, noch einmal so hoch als die übrigen, der die ganze Höhe des Sockels einnimmt. In diesen wurden zwei Bouteillen Wein vom Jahr 1827, die eine mit Kempf-, die andere mit Tiefenbachwein gefüllt, hineingestellt, ferner eine Bouteille mit Dinkel und eine mit Roggen, beide im Jahr 1827 auf hiesiger Markung gewachsen, weiter eine Büchse mit 1 Kronentaler, 1 Sechser, 1 Groschen und 1 Kreuzer vom Jahr 1828 (weitere Münzen waren noch nicht geschlagen) und endlich eine am Platze selbst erst zugelötete Büchse mit der deutschen und der lateinischen Urkunde. Hierauf wurde der Deckelstein darüber gewalzt, nachdem zuvor von jeder der anwesenden Obrigkeitspersonen eine Kelle mit Speis, der mit Wein angemacht wurde, über den Grundstein war gestrichen worden. Unter dem Geläute der Glocken, Gewehrsalven und den Tönen einer heiteren Musik ergriff jeder der Anwesenden den Hammer und tat einige Schläge auf den Stein, worauf die Gemeinde noch die Verse sang:

> *Nun danket all und bringet her*
> *dem Höchsten Ruhm und Lob,*
> *dem, welchen aller Engel Heer*
> *von Anbeginn erhob.*
> *Er lasse seinen Frieden ruhn*
> *auf unserm Vaterland!*
> *Er gebe Glück zu unserm Tun*
> *und fördre jeden Stand.*
>
> *Er trag uns ferner mit Geduld*
> *und lass uns heilig sein*
> *und seiner väterlichen Huld*
> *uns allezeit erfreun.*
> *Solange dieses Leben währt*
> *sei er stets unser Heil,*
> *und wenn wir scheiden von der Erd,*
> *verbleib er unser Teil!*

So wurde die Grundlegung beschlossen, und der Zug kehrte, wie er gekommen, zurück, durch das Dorf zu der Ziegelhütte. Im Wirtshaus zur Sonne war eine Mahlzeit bereitet, an der der Magistrat, Oberamtmann, Pfarrer, Schulmeister und Provisor und die ältesten Männer der Gemeinde, sieben, nebst vielen Honoratioren der Nachbarschaft teilnahmen. Die Schuljugend belustigte sich unweit der Sonne mit Tanzen, Singen, Klettern, Wettlaufen und dergl. Es wurden allen Kinder auf öffentliche Kosten Brezeln, ein Glas Wein, ein Bogen Papier und den Mädchen ein Band, den Knaben ein Reißblei ausgeteilt. Das herrlichste Wetter begünstigte und kein Unfall störte das Fest, das sichtbarlich in den meisten Gemütern gute Eindrücke hinterließ.

Am 16. Junius brach ein Gerüste an der Kirche mit 16 Maurern, die eben einen großen Haustein trugen. Durch Gottes gnädige Vorsehung senkte es sich bloss auf das untere Gerüst herab, und nur ein einziger wurde am Fuße leicht beschädigt. In der nämlichen Viertelstunde brach im Steinbruch ein Seil, an dem die Steinhauer einen schweren Stein hinaufzogen. Aber glücklicherweise rollte er ohne Schaden über denen, die an ihm schalteten, hinweg. Wenige Tage darauf fiel eine Tragbahre von der Mauer auf einen unten vorübergehenden Arbeiter herab und hätte ihn erschlagen, wenn sie nur um einen Zoll mehr von seinem Leib erlangt hätte. So aber streifte sie bloss seinen Rücken und machte ihn auf einige Tage zur Arbeit untauglich. Ich würde nicht fertig werden, wollte ich alle Fälle aufzählen, in welchen Gott das Leben der leichtsinnigen Arbeiter beschützte.

Am 15. Juli wurde der Anfang mit Aufschlagung der Kirche gemacht, nachdem zuvor in einer Betstunde der 91. Psalm verlesen und ein Gebet um Erhaltung und Schutz Gottes gesprochen worden war. Vier Tage später wurde, nachdem das Aufschlagen glücklich vollendet war und durch einen Zimmergesellen der Zimmerspruch gesprochen worden war, abermals eine Betstunde gehalten, in welcher der 34. Psalm verlesen und Gott für seine schützende Gnade gedankt wurde. Maurer und Zimmerleute erhielten jeder ein Maß Wein und ein Essen auf Kosten der Gemeinde, welcher jedoch das flache Kirchendach gar nicht gefallen wollte, so dass sie die Kirche mit einem Pferchkasten verglich.

Am 22. Julius brach der Kranen, an welchem die Steine zum Turm heraufgezogen wurden, unversehens entzwei und stürzte so plötzlich auf 16 Maurergesellen, die am Turme arbeiteten, herab, dass an kein Entfliehen oder Ausweichen mehr zu denken war. Jeder, der es ansah, hielt sie alle für verloren. Wie ergriffen aber wurde jedermann und wie beugten sich vor Gottes Finger selbst die rohesten Herzen, als die Gesellen alle zwischen den schweren Balken, die keine Handbreit von ihnen allen abstanden und von welchen drei ganz eingeschlossen worden waren, zwar bleich und sprachlos vor Schrecken, aber gesund und gänzlich unversehrt sich aufrichteten. Am darauf folgenden Jakobifeiertag wurde dem Herrn dafür öffentlich gedankt.

Am 22. Sonntag nach Trinitatis, am Tage Allerseelen, dem 2. November 1828, wurde zum Preise Gottes die neuerbaute, jedermann befriedigende Kirche feierlich eingeweiht, nachdem sie bis auf einige Kleinigkeiten an der Uhr, Orgel, Anstrich etc. völlig vollendet war. Den Abend zuvor wurde das Fest mit den Glocken, die seit ihrem Aufhängen auf dem neuen Turm zum ersten Mal gebraucht wurden, eingeläutet. Am Sonntag vormittags um 11 Uhr versammelten sich das gemeinschaftliche Ober- und Unteramt, die benachbarte Geistlichkeit, der Gemeinderat und die Honoratioren aus der Nachbarschaft auf dem Rathause. Ungefähr um 12 Uhr setzte sich der Zug unter dem Geläute der Glocken und dem Krachen von Böllern nach der Kirche in Bewegung. Voran gingen wieder die Schulkinder mit ihren Lehrern, hierauf der Architekt mit seinen Meistern, dann der Gemeinderat und hinter demselben der Schultheiß, auf einem silbernen Teller den Hauptschlüssel zur Kirche tragend, und neben ihm der Pfarrer des Ortes, die Bibel in der Hand. Auf diese folgten mit den sieben neuen Altarkannen und den übrigen heiligen Geräten 15 Geistliche in Amtstracht, nämlich

Stadtpfarrer Burkhardt von Neuenbürg, Pfarrer Zais von Grä-
fenhausen, Pfarrer Abel von Ottenhausen, Pfarrer Plank von
Schömberg, Pfarrer Hecker von Rieth, Pfarrer Euler von
Dietlingen, Pfarrer Gottschalk von Pforzheim, Pfarrer Lamp-
recht von Ellmendingen, Pfarrer Sachs von Nöttingen, Pfarrer
Kilgenstein von Ittersbach, Pfarrverweser Frommer von
Langenbrand, Pfarrverweser Bühler von Brötzingen, Vikar
Henzler von Feldrennach, Vikar Burkhardt von Neuenbürg und
Vikar Schläufing von Gräfenhausen. Nach ihnen kamen der
Oberamtmann Hörner von Neuenbürg und der Dekan Werner
von Wildbad, beide in Uniform. Ihnen folgten die Oberbeamten von Neuenbürg und der Obervogt von Pforzheim und
sämtliche Honoratioren von Neuenbürg und viele von Pforzheim und der ganzen Umgegend. Eine zahllose Volksmenge
beschloss den Zug, den am Portal der Kirche eine feierliche
Musik empfing und rings um den Tempel begleitete, bis er
wieder vor dem Portale stand. Hier, auf der obersten Stufe vor
der Kirchtüre stehend, hielt der Oberamtmann eine zwar kurze,
aber mit allgemeinem Beifall aufgenommene Rede, in der die
Geschichte des Kirchenbaus erzählt, die Kosten derselben, der,
ohne die auf Erweiterung und Ummauerung des Kirchhofs
verwandten 1560 f. 18.508 f. betrug, angegeben und endlich
Gott um Segen für Kirche und Gemeinde gebeten wurde. Nach
Beendigung derselben nahm der Architekt den Kirchen-
schlüssel von dem Schultheißen und überreichte ihn dem
Oberamtmann. Dieser gab ihn dem Dekan und der Dekan dem
Ortspfarrer, der mit den Worten „Der Herr segne unsern
Eingang und Ausgang von nun an bis in Ewigkeit" die
Kirchentür aufschloss und zuerst hineintrat. Voller Orgelton
und Instrumentalmusik empfing die Hereintretenden. Aber
wahrhaft furchtbar war nun das Gedränge, als alle Türen
geöffnet und bei 3000 Menschen zumal hereindringen wollten.

Viele Frauenzimmer, auch die alte, schwächliche Mutter des Pfarrers, gerieten mitten ins Gewühl und konnten nicht mehr zurück, um durch die Turmtüre, wo ihnen allein der Eingang aufbehalten war, in die Kirche zu gelangen. Der Haufe, der sich während der Rede des Oberamtmanns hinter ihnen unbemerkt verdichtet hatte, drängte sie unwiderstehlich durch das Portal in die Kirche, und alle in- und außer der Kirche zur Erhaltung der Ordnung aufgestellten Bürger - Landjäger aufzustellen hatte man nicht für schicklich gefunden - vermochten nicht mehr, den Strom zu hemmen oder zu lenken. Die Halberdrückten mussten mit Hinterlassung ihrer Halstücher und Bücher, die jedoch nachher sich wieder fanden, aus dem Gedränge beinahe herausgehauen werden. Zum Glück übertönte eine rauschende Symphonie den Lärm und das Gekreische, und als endlich ein vierstimmiger Figuralgesang bei der Orgel begann, ward alles stille und ruhig, und jetzt war der Anblick wahrhaft groß und imposant. Die neue, helle, weiße, freundliche Kirche, Altar, Taufstein und Kanzel mit einem neuen blauen Tuche geschmückt, sieben wie Silber glänzende Kannen auf dem blauen Altartuch und rings um den Altar auf acht Stühlen die Oberbeamten Neuenbürgs, Oberamtman Hörner, Oberamtsrichter Pistorius, Kameralverwalter Schöll und Obervogt Deimling (von Pforzheim) und auf der anderen Seite der Dekan, der Ortspfarrer und die Pfarrer von Neuenbürg und Gräfenhausen, auf den Emporkirchen rechts von der Kanzel die Gemeinderäte und links die Geistlichen und in der ganzen Kirche Kopf an Kopf, alle Stiegen gedrängt voll und alle Türen versperrt, und nun der feierliche Gesang, der trotz der vielen fehlenden Stimmen, deren Inhaber, wie der Ortsschulmeister und seine Kinder, schlechterdings nicht durch das Gedränge auf die Orgel gelangen konnten und unter der Leitung des Pfarrers von Ittersbach vollkommen gelang – alles das musste sich zu einem ergreifenden Totaleindruck vereinigen. Nach Endigung des Figuralgesangs wurden von der Gemeinde zwei Verse aus dem Liede *„Noch sing ich hier aus dunkler Ferne"* gesungen, worauf der Dekan in den Altar trat und eine mit großer Aufmerksamkeit angehörte Weihrede hielt. Nach ihm trat der Ortspfarrer auf die Kanzel und hielt eine Predigt über Ps. 48,10. Hierauf wurde im Altare von Stadtpfarrer Burkhardt von Neuenbürg ein Kind des Tobias Ilg, Justine Catherine, getauft und endlich von Pfarrer Zais in Gräfenhausen, einem 70jährigen frommen Greise, ein Ehepaar, Jakob Friedrich Bächtholdt und Christina Catherina Kappus, getraut. Den Beschluss der ganzen Feier machte das Absingen des Liedes „Nun danket alle Gott", in das alle Anwesenden voll und gerührt einstimmten. Es war 3 Uhr vorüber, als man aus der Kirche ging. Auf dem Rathause war ein einfaches Essen, an dem mit den Meistern, die an der Kirche gearbeitet, und deren Angehörigen über 50 Personen Anteil nahmen.

Durch die Niederreißung des Turms und andere unvorhergesehene Ausgaben stiegen die Kosten des Baus auf das Doppelte des Anschlags, nämlich auf 20.206 f. 34 kr. 2 hl., mit Einschluss von 1596 f. für den Kirchhof.

Grab- und Maurerarbeit betrug	5392 f. 55 kr. 3 hl.
Steinhauerarbeit	2871 f. 16 kr.
Gipserarbeit	577 f. 36 kr.
Zimmer-	4615 f. 57 kr.
Schlosser-	259 f. 30 kr.
Schmid-	750 f. 47 kr. 3 hl.
Glaser-	351 f.
Orgelmacher-	113 f.
Schreiner-	1353 f. 57 kr.
Pfläster-	108 f. 46 kr.

Schieferdeckerarbeit	954 f. 36 kr.
Uhrmacherarbeit	65 f. 30 kr.
Fuhrlohn	1077 f. 18 kr.
Insgemein, namentlich für den Architekten Kempter, der die Aufsicht (aber nicht gehörig) führte	1714 f. 25 kr.

1829

Den Winter hindurch hielt sich das Kirchendach nicht, wie der Architekt versprochen hatte. Der Wind trieb den Schnee und den Regen durch die Ziegel, und die Gipsdecke geriet durch die Nässe in Gefahr. Da verklagten die Gemeindedeputierten den Architekten Kempter bei der Regierung. Sie hatten nicht ganz Unrecht. Dieser junge Mensch, den der Oberamtmann auf seine guten Zeugnisse hin uns zugeschickt hatte, verstand wenig vom Bauwesen, bekümmerte sich fast noch weniger darum und nahm sich heraus, das Dach, das wie die ganze Kirche schon verabstreicht war, auf seine Faust hin ungefragt abzuändern und so flach zu konstruieren, wie es jetzt dasteht. Pfarrer und Schultheiß staunten mit der ganzen Gemeinde, als das Dach aufgeschlagen ward, das mit dem akkordierten Risse durchaus keine Ähnlichkeit hatte, mehr kostete und noch die den Plafond verunstaltenden ...[46] oder hervorstehenden Balken notwendig machte. Pfarrer und Schultheiß hatten damals ihren Unwillen laut geäußert und dem Architekten Vorwürfe gemacht. Doch als sich dieser entschuldigte, der Oberamtmann habe die Abänderung gutgeheißen und sein Oheim, der Professor der Baukunst in

---

[46] Unleserlich

Stuttgart, Thouret, stehe dafür, dass das Dach keine Gefahr habe, ließ es der Stiftungsrat bewenden. Nicht so die Deputierten, als das Dach die Probe nicht bestand. Auf ihre Klage kam der Bauinspektor Dillenius von Calw, dessen Riss bei der Verabstreichung zugrundegelegt und von Kempter eigenmächtig verändert worden war. Er nahm die Arbeit auf, lobte die Maurer- und Steinhauerarbeit, zuckte wegen des Daches die Achseln und ließ besonders geformte Ziegel von Waiblingen kommen, mit denen die Wetterseite gedeckt werden solle. Das Weitere muss die Zeit lehren.

Der Jahrgang war keiner von den fruchtbarsten. Die Witterung bis in die Mitte Julis war mittelmäßig. Von der zweiten Hälfte Julis an regnete es aber fast unaufhörlich bis in die Mitte Novembers, und zugleich wurde die Witterung immer kälter, so dass es schon im September schneite. Daher ging das Öhmd fast ganz verloren, und was heimgebracht wurde, sah eher dem Miste gleich. Ebenso ging es den Erbsen, Linsen und anderen Sommerfrüchten. Besonders schlimmes Schicksal hatte der Haber. Er blieb so lange im Regen liegen, bis er nicht nur halb ausgefallen war, sondern auch die Körner auf der Erde und auf den Halmen zum zweiten Mal grünten. Der Wein konnte natürlich auch nicht geraten. Die meisten Trauben blieben unreif; selten war eine zu finden, an der alle Beeren süß gewesen wären. Die meisten Trauben ließ man hängen, an ein Verkaufen an Auswärtige war nicht zu denken. Hier und da ward ein Eimer um . . .[47] f. verkauft. Der beste und auserlesenste Wein war kaum zu genießen, da noch ein Frost beinahe alle Trauben beschädigt hatte.

---

[47] Angabe fehlt.

1830

Auf den regnerischen und kühlen Sommer des verflossenen Jahres folgte ein so strenger Winter, wie ihn die ältesten Leute sich nicht denken konnten. Bald nach Martini gefror der Boden fest zu, was der Saat, die des Regens wegen erst spät bestellt werden konnte, schwerlich gut tat. Schon im November fiel das Thermometer auf 12 Grad. Die Kälte stieg im Dezember, in welchem auch ziemlich Schnee fiel. Ende Januar brachte noch mehr Schnee und eine solche anhaltende Kälte, dass das Thermometer morgens früh stets 16-20 Grade (Reaumur) und mittags nie über 8 Grad zeigte. Am Lichtmessfeiertage sank es sogar bis auf 24 Grad - eine bei uns gänzlich unerhörte Kälte. In allen Ländern Europas, selbst in Afrika, wurde eine gleich ungewöhnliche Kälte verspürt, nur in Russland war der Winter gelinde. Endlich nachdem die Kälte von der Mitte Novembers ununterbrochen andauerte und vielen Schaden an Bäumen, Reben usw. verursacht hatte, brach am 8. Februar das Wetter so schnell, dass in zwei Tagen aller Schnee verschwunden war.

Am 13. April, am Osterdienstag, wanderten 22 Personen nach Nordamerika aus, hauptsächlich durch die vielversprechenden Briefe früherer Auswanderer aus der Nachbarschaft zu diesem Schritte bewogen. Fünfzehn Personen gaben ihre Staatsbürgerschaft ganz auf und wurden feierlich entlassen. Es waren

Friedrich Faas, Schmied, mit Frau und zwei Kindern
Georg Vollmer, Schneider, Wittwer
Ezechiel Bizer, Bauer, mit seiner Frau
Friedrich Vester, Schuster, mit Frau und zwei Kindern
Philipp Caspar Höll, Bauer, mit Frau und zwei Kindern.

Mit ihnen gingen sechs ledige Personen, nur mit einem Wanderschein versehen, ohne ihr Bürgerrecht für jetzt aufgegeben zu haben. Es waren

> Johannes Dittus, des Schulzen Sohn,
>   ein lediger Schuster
> Johann Friedrich Vollmer, lediger Bäcker
> Christoph Oelschläger, lediger Bäcker
> Johann Gottfried Oelschläger, lediger Maurer
> Christina Müller, ledig und
> Christina Jakobina Vollmer, ledig.

Ein Kind, Elisabetha Bizer, wurde förmlich entführt von seinen bisherigen Pflegeeltern Ezechiel Bizer und dessen Ehefrau, die sich nicht von ihm trennen konnten und es gegen seiner Eltern – die freilich beide blödsinnig sind – und der Obrigkeit Erlaubnis auf des Kindes eigenes dringendes Anhalten im Wagen versteckt mit sich fortnahmen.

Am 27. Junius wurde am 3. Trinitatissonntag das 300-jährige Jubelfest der Übergabe der Augsburgischen Konfession im ganzen evangelischen In- und Ausland wie auch hier gefeiert. Nachdem das Fest am Samstag war eingeläutet worden, wurde am Sonntag über Hebräer 10, 23/24 davon gepredigt: Was dazugehöre, in jetziger Zeit seinen evangelischen Glauben würdig zu bekennen?

> 1. Erforschung und Wertschätzung seiner Wahrheiten
> 2. Freimütiges und duldsames Bekenntnis seiner
>   Unterscheidungen
> 3. Vertrauen auf seine Hoffnungen
> 4. Treue Benutzung und Bewahrung seiner Rechte
> 5. Redliche Erfüllung seiner Pflichten.

Nach dem Eingang wurde vom Chor auf der Orgel der erste und von der Gemeinde der letzte Vers des Liedes *„Ein feste Burg ist unser Gott"* gesungen. Nach der Predigt wurden die 21.sten Artikel der Augsburgischen Konfession verlesen. Den Beschluss machte die Kommunion. Nachmittags ging der Pfarrer die Geschichte der Übergabe der Augsburgischen Konfession mit den Sonntagsschülern akroamatisch[48] und hierauf in dem Nachmittagsgottesdienst vor der vollen Gemeinde katechetisch durch, ließ dann nach alter Sitte von zwei Schulkindern den lutherischen Katechismus hersagen und endlich nach dem Gottesdienst Brot unter die Armen verteilen. Zwei Tage darauf, am Tage Petri und Pauli, wurde zur Nachfeiern auch über den hohen Wert des evangelischen Glaubens gesprochen.

Umzüge und sonstiges Gepränge, wie es in den Nachbargemeinden veranstaltet wurde, hielt der Pfarrer für unpassend, in der Meinung, Erhebung des Herzens durch Gottes Wort, das sei die echt evangelische und prunklose Einfalt der echt protestantischen Festfeier.

---

[48] Lehrmethode (griechisch) durch Vorlesen

1831

Das Jahr 1831, durch Fruchtbarkeit nicht sehr ausgezeichnet – der Wein namentlich war ziemlich mittelmäßig und sehr wenig, kostete aber doch 48 - 50 f. – ist hauptsächlich in der Aufregung des bürgerlichen Lebens in Deutschland merkwürdig, dessen Zuckungen sich auch bis zu uns erstreckten und namentlich durch die Abgeordnetenwahlen im Herbst zum Ausbruch kamen. Der Oberamtmann Hörner hatte den Professor der Forstwissenschaft in Tübingen, Widenmann, der sich vor einigen Jahren mit und für den eigennützigen Kanzler Autenrieth blamiert hatte, zum Kandidaten vorgeschlagen, die liberale Partei dagegen, die sich zu einem besonderen Wahlkomitee gebildet hatte, wirkte für den Dr. Schott, ein altes, aber ehrenwertes Oppositionsglied. Die Wahlumtriebe von beiden Seiten – so merkwürdig und anziehend sie sind – zu schildern erlaubt mir die noch immer fortdauernde Bewegung der Gemüter nicht. Nach dem heftigsten Parteienkampf, dessen Interesse in alle Herzen und Häuser gedrungen war, erfocht die liberale Partei einen glänzenden Sieg, indem der Gegner nicht einmal ein Drittel der Stimmen erhielt. Der Triumph der Sieger war nicht gering; es kitzelte das Volk, über seine Obrigkeit einen Sieg davongetragen zu haben, so dass ich fest überzeugt bin, jede Einmischung der Regierung in die Wahlen muss notwendig ihre eigene Autorität untergraben. In Birkenfeld war, wie in den meisten Orten, Schultheiß und der größte Teil des Gemeinderats für den Regierungskandidaten, dagegen die übrigen Wähler meistens für den liberalen.

1832

Wie durch die Wahlen die Regierung mit dem Volke, der Oberamtmann mit dem Oberamte zerfallen war, so hier Schultheiß mit der Bürgerschaft, und leicht hätte können das Feuer ausbrechen, wenn nicht Gott durch ein überaus gesegnetes Jahr die Gedanken der Aufgeregten von der unnötigen Politik auf etwas ihnen Näherliegendes gerichtet und den müßigen Streitern durch Einsammeln seines reichen Segens alle Hände voll zu tun gegeben hätte. Alles Obst, namentlich Kirschen, Zwetschgen, Äpfel, Birnen, geriet in unbeschreiblicher Menge und ganz ausgezeichneter Güte. Ebenso vortrefflich geriet die Frucht, der Wein hingegen, der zwar vom Frühling her etwas zurück gewesen war, von dem man sich jedoch wegen der Hitze und Trockenheit des Sommers viel versprochen hatte, wurde ganz schlecht und sauer und litt noch in den letzten Tagen durch Frost.

Im Frühjahr kamen, wie durch ganz Deutschland, so auch in unsere Gegend mehrere flüchtige Polen, deren Anwesenheit die erbleichenden politischen Farben beider Parteien wieder auffrischte.

Die Maulbeerbäume, von welchen der Schultheiß und der Pfarrer einige Hundert in die Fleckenbaumschule gesetzt hatten, waren so gut gediehen, dass der größte Teil derselben heuer schon auf der Markung herum versetzt werden konnte; namentlich wurden sie an den Saum des Eichwaldes bei der Ausmündung des Burgwegs in die Chaussee verpflanzt. Auch eine Probe mit Seidenraupen, die der Pfarrer seit mehreren Jahren machte, gelang sowohl bei der Fütterung mit Maulbeer – als auch mit . . .-blättern[49] über Erwartung.

---

49 Unleserlich

1833

Auf die guten Nachrichten, die unsere Auswanderer aus Amerika hören ließen, und auf die Ankunft eines derselben wieder in seiner Heimat entschlossen sich diesen Winter wieder mehrere hiesige Einwohner zum Auswandern und führten diesen Entschluss im heurigen Frühling aus. Es waren:

Daniel Oelschläger, Schneider, mit Familie
Elisabeth Adam, ledig
Jakob Fr. Oelschläger, Beck, mit Zurücklassung
   von Weib und Kind
Christoph Fr. Wolfinger, geschieden
Margaretha Höll, led. Phil. Tochter
Johannes Wolfinger, Jak. Sohn, ledig
Johannes Regelmann, Conr. Sohn, ledig
Philipp Jakob Oelschläger, ledig, Jonath. Sohn
Joh. Christian Vollmer, ledig, Mich. Sohn
Johann Friedrich Bizer, ledig
Georg Friedrich Höll, gen. Kappus, ledig

Nach eingelaufenen Nachrichten sind alle glücklich nach Amerika gekommen und haben dort zwar kein glänzendes und müheloses, aber doch ein recht wohlnährendes Auskommen gefunden.

Nach einem äußerst gelinden Winter und einem rauhen und kalten Frühjahr kam ein so anhaltend warmer und herrlicher Mai, wie sich niemand seinesgleichen erinnern konnte, so dass alle Gewächse, die ziemlich zurückgeblieben waren, zu jedermanns Erstaunen unbegreiflich schnell vorankamen, besonders da auch der Junius ebenso heiter und warm, ja sogar recht heiß war. Doch griff jetzt die Dürre um sich und der Wassermangel, und so sehr man sich einen ausgezeichneten Herbst versprach, so kleinmütig blickte man auf die verdorrenden Halme. Bald nach Johannis änderte sich jedoch das Wetter, viele Gewitterregen kühlten die Luft so ab, dass im Julius das Thermometer morgens sehr oft nicht über 6 Grade über 0 hatte. Der ganze Julius war nass und kühl. So gut dies der Frucht zustatten kam, so schädlich wirkte es auf die Gesundheit. Mehr als die Hälfte der hiesigen Einwohner, alt und jung, ward zu Ende Julius zu gleicher Zeit von einer Seuche, Grippe genannt, überfallen, die hauptsächlich in Kopf- und Halsweh bestand, die Brust heftig angriff, mit Fieber und ausnehmender Mattigkeit verbunden war, kräftige, junge, voll- blütige Personen mit Entzündungen und Schwächen mit Mattigkeit heimsuchte. Ganz Europa teilte nach den Zeitungen dieses Übel mit uns. Die nasse Witterung währte den ganzen August fort, dass der Wein schlecht geriet und zu 16 - 22 f. verkauft wurde.

1834

Der Spätherbst und Winter waren nass und, wenige Tage ausgenommen, wo es schneite und gefror, äußerst gelind. Im Januar war es so mild und warm, dass die ältesten Menschen sich eines so gelinden Winters nicht zu erinnern wussten. Am 17. Januar ging ich nach Neuenbürg und pflückte unterwegs eine ganze Handvoll blühender Feldblumen, nicht nur spät- blühende, wie

Gänseblümchen, Bellis perennis
Hirtentäschelkraut, Thlaspi [50] bursa pastoris

---

[50] Richtig: Capsella

rote und weiße Taubnessel,
Lamium purpureum et album
Kreuzkraut, Senecio vulgaris
Steinsamen, Lithospermum,

sondern auch solche, die nur im Frühling oder Sommer blühen, wie

Sandkraut, Arenaria serpyllifolia
Habichtskraut, Hieracium pilosella
Quendel, Thymus serpyllum
Rainkohl, Lapsana communis
Erdbeeren in Menge
Ehrenpreis, Veronica hederifolia
Schmalzblumen, Ranunculus acris
Storchenschnabel, Geranium columbinum
Kälberkropf, Chaerophyllum sylvestre

Auch Gräser blühten, namentlich *Poa pratensis*. Dennoch verzog der Frühling lange, und das nasskalte Wetter dauerte bis zum Mai. Dieser Monat war aber so heiß und fruchtbar, dass die ältesten Leute sich keiner ähnlich warmen, so anhaltenden Witterung erinnern konnten. Man glaubte, nun in der Tat und buchstäblich alles wachsen zu sehen. Auch der darauf folgende Sommer war ausgezeichnet trocken und heiß, dass das Obst meist abfiel, das Heu sehr sparsam ausfiel und das Öhmd sowie der zweite Schnitt vom Klee gänzlich fehlschlug. Dazu kamen die unzähligen Engerlinge oder Quatten, wie sie hier genannt werden, welche die Wiesen vollends ganz verwüsteten, dass man – ohne die mindeste Übertreibung gesprochen – oft nicht wusste, ob es Wiesen oder Äcker seien. Der Futtermangel wurde nach und nach so groß, dass der Zentner Heu 2 f. 42 s. kostete, dass man Laub und Mistel und dergleichen als Futter benutzte und endlich Staat und Gemeinden den Notleidenden die Wälder zum Grasen öffneten. Auch die Kartoffeln missrieten gänzlich durch die Dürre und die Engerlinge, dass das Simri[51] auf 24 - 30 s. zu stehen kam. Und selbst die wenigen eingeheimsten Kartoffeln waren nicht gut, da ihnen die Feuchte gänzlich gefehlt hatte. Dieser Mangel war die Ursache, dass gegen den Herbst hin eine ungeheuere Anzahl Vieh im ganzen Lande und besonders auch hier – meist an Juden, die es nach Frankreich führten – um wahre Spottpreise verkauft wurde, dass man wirklich die Zeit nahe glaubte, „wo die Kuh einen Batzen gelte".

Letzten Sommer ersuchte ich das Kameralamt Neuenbürg, eine Revision der Zehntsteine, die den herrschaftlichen und den Pfarrzehnten bestimmen, zur Vermeidung von Streitigkeiten zwischen den beiderseitigen Zehntpächtern anordnen zu wollen, was seit 1787 nicht mehr geschehen war. Die hohe Finanzkammer glaubte, dieser Kosten sich überheben zu können, wenn die Gemeinde den Pfarrzehnten übernähme, und fragte daher wahrscheinlich zuerst das Konsistorium, dann mich, ob ich den Zehnten abtreten wolle. Ich erklärte mich bereit, salvis ecclesiae iuribus[52], wenn ich hinreichenden Ersatz erhalte, und forderte nach beigelegter 10-jähriger Bilanz jährlich 320 f. Nun wandte sich die Finanzkammer an die hiesige Gemeinde. Diese bot aber, wie ich hörte, nur 270 f. Die Finanzkammer mochte den Zehnten gegen das geforderte Äquivalent nicht in Selbstadministration nehmen (cf. Reskriptenbuch pag. 351), und so verbleibt der Zehnte vorderhand wieder der Pfarrei.

---

[51]Hohlmaß: 18,40 Liter.

[52] salvis ecclesiae iuribus: unter Wahrung der kirchlichen Rechte.

So ungünstig die Hitze und Dürre des Sommers auf die Baum- und Wurzelfrüchte wirkte, so günstig wirkte die auf den Weinstock. Zwar gab es auf den Dinkel- und Haberfeldern nur wenig Garben, und auch die Garben selbst waren mager und gaben beim Ausdreschen zwar gutes, aber weniges Mehl, und das Stroh blieb kurz und Erbsen und Linsen und Wicken versagten fast ganz. Aber die Trauben gediehen schnell, und schon in der Mitte Augusts gab es reife und süße. Anfangs Oktober war die Weinlese, die einen so reichen und ausgezeichneten Ertrag gab, dass nach sicheren Angaben der Flecken allein aus Wein, den Eimer à 39 f., was der meiste Kauf war, über 38000 f. erlöste. Besonders gediehen heuer die Schwarzen und namentlich die Welschen oder Trollinger, hier Hammelsschellen genannt, zu einer ungewöhnlichen Größe und Süßigkeit, dass auch der Wein, dessen Güte noch viele Jahre gerühmt werden wird, davon weit röter aussah als in anderen Jahren.

So reich und herrlich diese Gottesgabe war, so blieb sie doch ein ganz geringer Ersatz für eine andere Folge der Hitze, die unter allen Orten in der Nachbarschaft, Schwann etwa ausgenommen, unseren Ort am härtesten traf, für die seit dem August immer mehr hier um sich greifende Schleim- und Nervenfieberepidemie, welche bis in den Januar des folgenden Jahres dauerte, wohl die Hälfte der ganzen Einwohnerschaft befiel und mehr als den 13. Teil der Bevölkerung wegraffte, über 50 Personen, fast lauter jüngere Leute, hauptsächlich weiblichen Geschlechts, und unter diesen meist junge Mädchen von 18 - 23 Jahren und junge säugende Frauen. Die Ruhr machte gewöhnlich den Anfang, und ihr folgte dann die Hitze des Nervenfiebers auf dem Fuße. Später hörte die Ruhr auf, und die Krankheit fing gewöhnlich mit heftigen Kopfschmerzen vorn und hinten und mit einem steifen Nacken an. Große

Müdigkeit, Mangel an Appetit, Durst und Hitze stellten sich sogleich ein, und bald folgten die Delirien. Am 9., 14. und 21. Tag kam die Krisis. Oft währte die Krankheit nur wenige Tage, meist mehrere Wochen, nicht selten auch Monate lang. Referent selbst lag vom Oktober bis zum Februar selbst äußerst gefährlich an der nämlichen Krankheit darnieder, spürt aber auch jetzt noch die Folgen überall. Gewöhnlich war es ein Friesel[53], der die Kranken rettete; dann stellte sich ein unmäßiger Hunger ein, die viele, die schon wieder aufgestanden waren, weil sie ihrem total geschwächten Magen zu viel und zu Unpassendes, namentlich Saures oder Fettes, zugemutet hatten, schnell wieder zurückwarf und ums Leben brachte. Das Traurigste war dabei, dass, wenn eines im Hause erkrankte, die übrigen Glieder der Familie bald von ihm angesteckt wurden. Als Ref. die Krankheit bekam, die er nach der Behauptung der Ärzte von seinen Krankenbesuchen geholt haben soll, die er selbst aber einer Erkältung zuschreibt, wurde am gleichen Tage seine Frau krank, bald darauf die jüngere Tochter und das jüngste 1½ Jahre alte Knäbchen, die beiden letzten höchst gefährlich und langwierig. Von den Mädchen erbte die Schwiegermutter die leidige Seuche, ließ sich dann nach Neuenbürg, wo sie bei einem andern Tochtermann ihre Wohnung hatte, führen und steckte doch, ehe sie starb, dessen Töchterchen an, das nur wie durch ein Wunder genas. Auch die beiden Mägde des Ref. erkrankten an *einem* Abend, und die eine starb nach wenigen Wochen. Natürlich, dass nun der Ort wie die Pest von Fremden geflohen wurde.

Neben der allgemeinen Ursache dieser bösen Seuche, der großen anhaltenden Hitze, war eine der Hauptlokalursachen der große Mangel an Wasser bei uns. Alle Brunnen vertrockneten,

---

53 Friesel: Ausschlag

nur in der Brunnenstube bei Michael Ilgs Haus war noch etwas laues, trübes Wasser, das von einem Wache haltenden Bürger kübelweise zu bestimmten Zeiten ausgeteilt wurde und, weil es nicht für den Bedarf ausreichte, deswegen fuhren abends ganze Karawanen von Fuhren mit Wasserfässern an die Enz.

1835

Der Winter, der anfangs Decembers viel Schnee und Kälte gebracht hatte, war im Ganzen doch wieder sehr gelinde, wenn gleich nicht in dem Grade, wie fernd [im vorigen Jahr]. Auch der Frühling war, wie fernd, rau und nass, zum großen Leidwesen des Landmanns, dessen Kleeäcker durchaus verdorben waren und der mit Sehnsucht dem Wieswachs entgegen sah. Wie im vorigen Sommer die Wiesen Äckern glichen, so wurden jetzt die Äcker als Wiesen benutzt und alles Unkraut, wie mehrmals bis daher, sorgfältig für das ausgemergelte Vieh ausgezogen. Eine besondere Erscheinung waren auch dieses Frühjahr die Menge von Morcheln auf Wiesen und an Rainen und Gräben. Juni und Juli waren wieder sehr heiß und trocken. Die große Menge Trauben versprach wieder einen herrlichen und ungeheuer reichen Ertrag, dass namentlich im Juli alle Strassen mit Fässern bedeckt waren und im Unterlande ein Fass vom Küfer ohne Eichen 10 - 11 f. hier 7 f. per Eimer galt. Aber die späteren Monate waren kalt und nass, dass der Wein ziemlich gering wurde, und seiner Menge wegen um 15 - 10 f. zu kaufen war, dennoch aber fast ein Drittel unverkauft blieb, woran hauptsächlich die in den ersten Tagen Novembers schnell eintretende heftige Kälte schuld war, dass viel Wein an der Kelter in den Standen und in den Führlingen[54] gefror und weiter in Schlitten heimgeführt wurde.

Der Gemeinderat und Bürgerausschuss hatte, um mehr Wasser in die hiesigen Brunnen zu bekommen, einen geschickten Brunnenmeister von Waiblingen kommen lassen, Ernst Bihl, welcher in einem schriftlichen Gutachten sich dahin äußerte, dass in der Hauptquelle durch die Leitung nichts verloren gehe, dass ein Bohrloch selbst mit 150' Tiefe wegen des zerklüfteten Sandsteingebirgs sehr misslich sei, dass hingegen oberhalb des Orts in dem sog. Gründle, namentlich auf den Westerwiesen und den Rainäckern gegraben und in einer Brunnenstube unweit des Orts das Wasser gesammelt und von dort überall in den Flecken hin geleitet werden solle. Dass es dort namentlich auf den Wiesen des Johannes Rieth und Joh. Müller viel Wasser habe, beweisen einesteils die stete Feuchtigkeit, teils gewisse Pflanzen, die nur auf feuchtem Boden wachsen und dort zu finden seien. Der Gemeinderat und Bürgerausschuss legte jedoch diesen Vorschlag zur Seite, ließ die Hauptquelle mitten im Dorfe neu fassen, die Brunnentröge am Adler neu hauen und tiefer legen und vergrößern und beschloss auch den Nahwiesen- und den Städigbrunnen frisch fassen zu lassen und einstweilen zuzusehen, ob diese Brunnen nicht hinreichend Wasser lieferten.

Heuer trugen viele der von mir gesetzten jungen Bäume das erste Mal, und zwar auf dem Mittelbüschacker

1 Goldereinettenbaum
1 Apfelbaum mit süßen, runden, roten Äpfeln
1 Winterbergamottenbirnenbaum auf dem Kiesbuckel
1 Huzelbirnenbaum

---

[54] Führling- großes Gefäß für Transport. Gegensatz: Stande.

1 Luiken- oder Waldäpfelbaum
1 Reichenackerbirnenbaum auf dem Tiefenbach
1 Birnbaum mit langen, großen, braunen Birnen
   auf dem Fuchsrain
1 Apfelbaum mit kleinen roten Früchten, Zimmetmäulen
   oder Christtagsäpfeln auf dem Eichelgartenacker
1 Apfelbaum dito.

1836

Die Brunnenverbesserungen zeigten sich diesen Sommer nicht ausreichend. Es war zwar ein etwas größerer Vorrat von Wasser, aber doch lange kein genügender vorhanden, und der Jahrgang war, wenn auch trocken, doch nicht ausgezeichnet. Das Obst verkam in der Blüte durch nasskaltes Wette,. so dass es selten so ganz wenig Obst gab. Futter dagegen gab es in Menge, weniger Öhmd und Klee im zweiten Schnitt. Der Wein wurde von Quantität und Qualität noch geringer als fernd, doch wurde er zumeist verkauft.

Im Laufe des Jahres musste der Provisor Schnabel, der seit 10 Jahren zur Zufriedenheit sein Amt hier verwaltet hatte, wegen ärgerlichen Umgangs mit einer Magd entfernt werden.

Den ganzen Sommer hindurch wurde, wie fernd, in dem hiesigen Kelternstübchen eine Kinderbewahranstalt fortgesetzt, welcher Juliana Müller vorstand, der den ganzen Tag hindurch Kinder zur Verwahrung unentgeltlich konnten übergeben werden.

Am 26. Juni tötete sich, wie im Totenregister bemerkt, der Schreiner Müller in einem Anfall von Tiefsinn, ein sonst rechtschaffener und christlicher Mann; der Pfarrer nahm am

Sonntag darauf hiervon Gelegenheit, die Ansichten der Gemeinde hierüber zu berichtigen.

Gegen Ende des Jahres wurde der Schultheiß Christian Conrad Dittus dahier, der vom Bürgerausschuss wegen unrichtig und betrüglich angesetztem Taglohn angeklagt worden war, suspendiert und der Gemeinderat Michael Ilg als Amtsverweser ernannt.

Auch die Ruhr grassierte diesen Sommer heftig unter den Einwohnern. Sie war meist mir Erbrechen verbunden und nahm besonders die Kinder hart mit und 11 derselben weg.

1837

Ungewöhnlich früh, wie fernd, fing auch der heurige Winter an und dauerte bis in die letzten Tage des Aprils, in welchen noch eine Kälte von 10 Grad eintrat und in der Nacht vom 17.-18. April eine so ungeheuere Masse von Schnee fiel, wie sie die ältesten Leute sich nicht erinnern konnten, gesehen zu haben. Wo der Wind ihn nicht verwehte, lag der Schnee überall zwei Fuß tief, alle Türen, Fenster, Ställe waren verschüttet, in Pforzheim konnte am 18. kein Kind in die Schule kommen wegen des tiefen Schnees. Unzählige Bäume, hauptsächlich Zwetschgen- und Forchenbäume, wurden von den Schneemassen gebrochen oder entwurzelt, doch mehr noch als hier in den windstilleren tieferen Nachbargegenden. Wie in ganz Europa so hatte diesen Winter auch die Grippe sich eingestellt und fast ein Drittel der Einwohner zu gleicher Zeit mit Halsweh, Husten, Hitze, Müdigkeit und dergl., jedoch ohne große Gefahr ergriffen, nur einige Alte und Brustkranke hatten länger damit zu tun. Dagegen griff im Februar das Scharlachfieber oder eigentlich ein Scharlachriesel um sich, der zwar an sich nicht bösartig war, aber bei der geringsten Vernachlässigung Schwellen und Tod nach sich zog. Im Ganzen erkrankten über 100 Kinder, von welchen bis zum 1. Mai 14 starben. Bis auf diesen Tag wurde die Krankheit als Epidemie von Staatswesen behandelt. Im hohen Sommer stellte sich der Krampfhusten ein, an dem gleichfalls viele Kinder verstarben und noch viel mehr zu leiden hatten, und endlich im Spätherbst kamen, von Reichenbach und Langenbrand her über Neuenbürg langsam vorrückend, die roten Flecken in die Gemeinde, welche die Kinder unter 12 Jahren so heftig befielen, dass im Dezember der Provisor von etlichen rund 80 Kindern bloss noch eines in der Schule hatte, ein fremdes, das die Masern bereits gehabt hatte. Der Schulmeister hatte kaum ein Viertel seiner Kinder. Die Krankheit wurde als Epidemie behandelt und war auffallend bösartig.

Nachdem der Schultheiß Dittus nebst dem Gemeindepfleger Schroth wegen Fälschungen waren von ihren Ämtern entlassen worden, wurde im November Michael Ilg, Bürger und Bauer, damals Gemeinderat und Acciser, zum Schultheißen gewählt.

Der Mittelpreis des ganz schlechten, von Hagel stark beschädigten Weins war 12 fl.

1838

Schon der Anfang des Jahres und der nicht günstige Frühling stimmte die Hoffnung auf guten Herbst herab. Doch ließ der trockene Sommer noch etwas hoffen, aber wieder musste man zweifeln, ob nur der Wein reif werde. Allem Zweifel, Hoffen und Fürchten machte ein Frost vom 13.-14. Oktober ein Ende; nur wenig ward gelesen. Von Weinpreis konnte keine Rede sein, da wenige nur so viel lasen, dass es verkauft werden konnte. Dagegen war der Ertrag an Obst, Erdbirnen gut und das übrige nicht ungünstig. Von Krankheiten blieb die Gemeinde dieses Jahr verschont.

Der Pfr. Christlieb zieht, zum Dekan in Heidenheim ernannt, am Anfang September ab, begleitet von den Segenswünschen und argem Dank der Gemeinde. Statt seiner wird die Pfarrei provisorisch versehen durch Pfr. Abel von Ottenhausen und seit dem Oktober durch Vikar Hoffmann, doch bis September 1839 fast ein ganzes Jahr.

Er berichtet:

Mit Freude und Sorgen zog ich ein, mit Freude in eine Gemeinde, wo Christlieb gewirkt, und eben darum mit Sorgen, ob ich auch in irgendeiner Weise genügen könnte. Mit Vertrauen wurde ich aufgenommen, und ich fasste auch gleich Vertrauen, das dadurch geweckt wurde, dass die Leute, die mich besuchten, Christliebs mit so vieler Liebe bedachten, und sie fassten Zutrauen, da sie sahen, dass es auf mich einen guten Eindruck machte, dass sie ihres Lehrers Andenken so freundlich bewahrten. Nur gegen einen fassten sie gleich Misstrauen, gegen den Schultheißen, der beim ersten Besuch mich für sich zu gewinnen glaubte, dass er über Christlieb räsonierte. Er wurde auch von mir nicht sonderlich erbaut, als ich ihm erklärte, wer bei mir über meinen Vorgänger schimpfe, habe bei mir nicht gewonnen, da ich wisse, was der Mann geleistet und ein solches Gebaren nicht nur voraussehen lasse, wie es dem Nachfolger auch nicht besser ergehen könne – der Schultheiß war ein Scheusal, ich musste kämpfen, bis er weg musste vom Amt.

Die unglückliche Wahl des Schultheißen in der Person des Ilg zeigt sich nur zu bald. Neben praktischer Untüchtigkeit im Amt, die bald sich kund gibt, auch Mangel an Achtung bei der Gemeinde, die er durch schlechten Lebenswandel – in puncto 6 – verscherzte. Die Schlechten haben so gutes Spiel, und Zucht und Ordnung weichen mehr und mehr. Der Mäßigkeitsverein, von Pfr. Christlieb gestiftet an Pfingsten und fortbestehend und wachsend, kann nicht rechte Wurzeln schlagen, da aber von oben her bei den weltlichen Vorstehern des Orts ihm alles in den Weg gelegt wird, statt ihn zu befördern, trotz der vielfachen Aufforderungen und Vorstellungen, die ihnen gemacht wurden.

1839

Am 1. Oktober zog der neue Pfarrer Mayer, vorher 24 Jahre Präzeptor (3 Jahre in Wildberg und 21 Jahre in Böblingen) in Birkenfeld auf. Man kam ihm und seiner Frau freundlich entgegen bis Tiefenbronn, wo der Gemeinderat und Bürgerausschuss zum größten Teil und mehrere Bürger in Reih und Glied aufgestellt waren. Einige Gemeindeglieder waren missgestimmt, weil der Pfarrer die Fuhrwägen von Stuttgart, nicht von Birkenfeld genommen hatte; sie drückten ihre Unzufriedenheit dadurch aus, dass sie sich absichtlich von der Begleitung ausschlossen, doch verlor sich diese Missstimmung in Kürze. In Tiefenbronn und Pforzheim hielt sich der Pfarrer einige Minuten auf. Unter Begleitung zu Wagen und besonders zu Pferd, wobei tüchtig geschossen wurde, kam man bei der Grenzscheide an, wo ein tragbarer, von zwei Männern rechts und links gehaltener Triumphbogen errichtet stand, der sich wieder senkte, sobald der Pfarrherr ihn passiert hatte. Ein zweiter, besserer Ehrenbogen war an dem Wirtshaus zur Sonne gebaut. Hier stand auch die Schuljugend mit ihren Lehrern und der größere Teil der Gemeindeangehörigen. Nach kurzer Anrede des Schultheißen und Erwiderung des Pfarrers sangen die Kinder einige Liederverse und stellten dem neuen Pfarrer einen mit Bändern gezierten Hammel zu. Unter Glockengeläute kam man vor dem Pfarrhause an, wo ihm eine Birke und eine Tanne aufgepflanzt war. Mit einigen Worten des Dankes entließ der Pfarrer seine Begleitung.

Am Sonntag darauf hielt der Pfarrer seine Antrittspredigt. Die Investitur konnte wegen einer Augenkrankheit des Dekans nicht zugleich statthaben, und da nach einigen Wochen der Pfarrer selbst an einem Schleimfieber darniederlag, so musste jene bis zum 4. Advent verschoben werden. Zeugen waren: Pfarrer M. Enßlin von Gräfenhausen und Pfarrer M. Abel von Ottenhausen, welch letzterer dem Ortspfarrer während seiner Krankheit treulich amtlichen Beistand geleistet hatte.

Der Schulbauplan nahm den neuen Pfarrer sogleich in Anspruch. Zu den vielen entworfenen und verworfenen Plänen wurden neue gemacht, auch aber die Notwendigkeit immer mehr eingesehen, ein Haus zu erkaufen.

Den Schultheißen Ilg, welcher suspendiert war, ersetzte ein Amtsverweser, der gewesene Grenzzoller Tränkle, der sein Amt wacker versah, aber schon deswegen, weil er vom Oberamt gesetzt war und kein Birkenfelder Fleisch und Blut hatte, manche Gegner fand, aber Umgang unter den Gottesdiensten, der sehr eingegangen war, wurde vom Pfarrer wieder hergestellt. (Späterer Nachtrag: Die Gegner hatten Recht, was sich später herausstellte, doch hielt sich Tränkle bis ins Jahr 1849.)

Der Jahrgang war ziemlich fruchtbar, doch gab es nicht viel Obst, aber der Wein wurde per Eimer zu 25 bis 30 f.

verkauft und die Qualität war brav. Der Gesundheitszustand blieb das ganze Jahr gut.

1840

Im Januar dieses Jahres starb der suspendierte Schultheiß Ilg. Alsbald wurde die Wahl eines neuen Ortsvorstehers nach der Anordnung des Oberamts vorgenommen. Der Parteienkampf begann. Bewerber waren der Amtsverweser Tränkle, Johannes Bächtold, Bauer, und der Obmann der Deputierten Winter. Die Wahlstimmen fielen so, dass es zweifelhaft war, ob nicht Bächtold zwei Drittel habe, weil von ihm einige auf Tränkle gefallene als ungültig angefochten wurden. Von ihm und Winter wurde selbst bei der Kreisregierung Klage geführt, doch wurde die Wahl Tränkles für richtig erklärt und dieser zum Schultheißen ernannt. Der Pfarrer, der sich neutral hielt, was er umso mehr konnte, da ihm auch Bächtold und Winter als wackere Männer prädiziert waren, kam dadurch in den unverdienten Verdacht, dass er Tränkle begünstige. In gewisser Beziehung konnte diesem allerdings der Vorzug gegeben werden, da er bei gleicher Brauchbarkeit bereits in seinem Amt schon einigermaßen eingeweiht war.

Der Anfang des Jahres war außerordentlich mild, und die Wärme dauerte bis in den März. Aber im April trat Kälte und Schnee ein, und noch zu Ende des Monats hatte man eine vortreffliche Schlittenbahn. Doch schadete die Kälte nicht viel, nur der Graswuchs stockte und einige Rebstöcke litten.

Im Mai hatte man wieder eine bessere Witterung, und eine Masse von Trauben zeigte sich, so dass schon ein 11er oder 34er Wein prophezeit wurde. Auch die Bäume standen bald in der herrlichsten Blüte.

Aber zur Zeit der Traubenlese trat eine äußerst nasskalte Witterung ein, welche Wochen anhielt und den ersten Grund zu der außerordentlich ungleichen Zeitigung der Trauben legte. Auch die sogenannten Kostmonate taten ihre Schuldigkeit nicht; in der Mitte Oktobers erschienen einige Reifnächte, welche bewirkten, dass die nachfolgende Wärme nicht viel oder nichts mehr nützte. Das Herbsten begann erst am Schlusse des Oktobers, und der Wein war größtenteils von geringer Qualität. Verkauft wurde er zu 10 - 18 f., der Dinkel ergab bei manchen die Hälfte, Erdbirnen, Obst, namentlich auch Zwetschgen (der Pfarrer verkaufte aus seinem Grasgarten 18 Simri Zwetschgen à 30 s. und behielt noch für sich) waren außerordentlich geraten, und der Jahrgang kann unter die recht fruchtbaren gerechnet werden.

Das Schulbauwesen erhielt in diesem Jahre seine lang gewünschte und lang gesuchte Erledigung. Es wurde das Wohnhaus des gewesenen Schultheißen Dittus um 1111 f. angekauft und in diesem dem Schulmeister die Wohnung eingerichtet. Dieser – Schulmeister Christian Ölschläger – war mit dieser Veränderung einverstanden, als er aber translociert werden sollte, sträubte er sich und führte dadurch einen mehrere Tage dauernden Kampf herbei, worauf er sich endlich – nachdem auch noch der Dekan persönlich in Birkenfeld erschienen war – zufrieden gab, als ihm noch einige Zugeständnisse gemacht worden waren.

Dem Provisor wurde ein heizbares Zimmer in dem Schullokal eingerichtet. Die Kosten der inneren Einrichtung des Schulgebäudes beliefen sich auf wenigstens 800 f., wozu man vom Staat einen Beitrag von 250 f. erhielt.

Auch der Kirchturm musste großenteils neu eingedeckt werden, was einen Kosten von circa 150 f. verursachte.

Gegen das Ende des Jahres entstand großer Kriegslärm. England, Russland, Österreich und Preußen hatten sich verbunden, den wankenden Thron des türkischen Kaisers aufrecht zu erhalten und dem Vizekönig von Ägypten, der ihn immer mehr bedrohte, Grenzen zu setzen. Frankreich hält sich durch diesen Bund für beleidigt und rüstete sich somit unter dem Ministerium Thiers zum Kriege. Gegen 40000 Pferde wurden im Auftrag Frankreichs in Deutschland aufgekauft, auch Heu und Haber. Der Zentner Heu kostete teilweise weniger, teilweise weil das Futtergras mittelmäßig geraten war, 2-3 f.

Es wird erst beim Kriegesschrecken bleiben, da der König der Franzosen durch einen wiederholten Angriff auf sein Leben, dem er wie durch ein Wunder entging – der mit mehreren Kugeln geladene Karabiner des Mörders zersprang und riss diesem einige Finger hinweg – noch entschiedener zum Frieden sich hinneigen muss.

1841

Der Frühling dieses Jahres war herrlich und anhaltend schön. Alles stand in Blüte. Schon in der Mitte Mais fand man bereits reife Erdbeeren, der Weinstock blühte schon gegen Ende des Monats Mai, und die Weinproduzenten sprachen bereits von einem Wein, der den 34er übertreffen müsse. Aber noch ehe die Traubenblüte, besonders bei den späteren Sorten, ganz vorüber war, trat ein anhaltend kaltes Regenwetter ein, und der Regen selbst wäre erwünscht gewesen, da die Fruchtfelder nach einer Erfrischung lechzten, und er kam auch wirklich der Saat noch zu gut; aber in diesem Augenblick stockte das Wachstum der Trauben, um so mehr, als die nasskalte Witterung auch im Juni noch nicht ganz aufhörte und selbst im Juli der Thermometer morgens oft kaum 5 Grade über Null zeigte. Erst mit der letzten Hälfte des Augusts fing günstigeres Traubenwetter an, nur blieben die Nächte gänzlich kalt. Der Wein wurde großenteils gering und sehr gering und wurde im Durchschnitt zu 12 f. - 18 f. verkauft, besserte sich aber später bedeutend in dem Fass. Nur *ein* Kauf mit Ausstieg wurde zu 40 f. geschlossen.

Der Preis des Dinkels stellte sich auf 6 - 7 f., der alte wurde sogar um 8 f. verkauft. Obst gab es sehr wenig. Die Erdbeeren aber gerieten wunderbar reichlich.

Am 28. September feierte das ganze Land die 25-jährige segensreiche Regierung des Königs Wilhelm. Auch Ortspfarrer Mayer schloss sich mit Dekan M. Eisenbach von Neuenbürg und Pfr. Luppold von Feldrennach der Prozession in Stuttgart an. Es waren circa 300 evangelische und 100 katholische Geistliche. Die Festlichkeiten dauerten von Dienstagfrüh bis Donnerstagabend, vom herrlichsten Wetter begünstigt, das merkwürdig war, weil mit dem Rüsttag am Montag der Himmel sich aufklarte und mit dem Schluss der Festlichkeiten furchtbarer Regen eintrat. Man hatte um der besseren Jahreszeit willen die Jubiläumstage etwas vorgeschoben; die Jubiläumspredigt wurde daher erst am 31. Oktober über Ps. 85,10-12 abgehalten. Wie dieses Fest noch besonders auch hier gefeiert wurde, sagt das Stiftungsratsprotokoll S. 80 und 81.

In der Nacht von 21. auf den 22. Februar brannte der Gasthof zum Adler dahier gänzlich ab. Die Entstehung des Feuers blieb unermittelt.

1842

Der Winter von 1841/42 brachte sehr viel Schnee, der auch lange lieben blieb. Die Frühlingswitterung zeigte sich für den Weinstock nicht ganz günstig, und die Traubenblüte verzögerte sich. Doch hätte man immer noch Hoffnung haben dürfen, wenn nicht die späteren Monate ebenfalls die schnelle Entwicklung der Trauben verhindert hätten. Der Wein war nur von mittelmäßiger Qualität, wurde aber dennoch zu 40 - 42 f. pro Eimer verkauft. Der Dinkel wurde zu 6 f. 30 s. verkauft.

1843

Das Jahr 1843 war besonders für die Armen ein hartes Jahr. Der Preis des Dinkels stieg auf 7 f. und noch darüber, Haber gab's beinahe gar keinen, und der Scheffel kostete zuletzt 11 - 12 f., und Erdbeeren sehr wenige. Alles infolge von außerordentlicher Trockenheit. Man hoffte immer noch, da es nicht an Trauben fehlte, auf einen ordentlichen Herbstertrag, als auf einmal im Oktober äußerst kalte Nächte eintraten, in welchen die Trauben erfroren, was um so bedauerlicher war, als die gute und warme Witterung sich alsbald darauf bis in den November fortsetzte, wodurch die Trauben noch eine ziemliche Zeitigung erlangt hätten.

Das Jahr 1843 zeichnete sich in kirchlicher Beziehung dadurch aus, dass in der ev. Kirche des Königreichs eine neue Liturgie sowie ein neues Gesangbuch eingeführt wurde. Es war zuvor der Geistlichkeit des Landes im Entwurf in die Hände gegeben und Gelegenheit verschafft, ihre Ansichten über Form und Inhalt der Kirchenbehörde kund zu geben. Mit dem

Pfingstfest trat das Gesangbuch in hiesiger Kirche in vollen Gebrauch, um so mehr ohne volle Schwierigkeit, da der Pfarrer mit einem auswärtigen Buchbinder einen Accord abgeschlossen hatte, der ihm die Exemplare in Leder gebunden zu 10 kr frei in das Haus lieferte. Den Schulkindern wurde die Hälfte des Preises aus dem Schulfonds bezahlt. Die Liturgie wurde schon einige Monate zuvor mit Beifall der Gemeinde in Gebrauch gesetzt.

Von den Landständen wurden nach dem Vorgang von Baden − welches eine Eisenbahn von Mannheim bis Basel baute − auch für Württemberg Eisenbahnen beschlossen, die aber zuerst langsam im Bau fortschritten.

1844

Auch in diesem Jahr war der Obstertrag ganz unbedeutend. Die Trauben blühten spät, wurden aber doch gegen Erwarten noch reif und gaben einen brauchbaren, wenngleich ziemlich geistarmen Wein, der pro Eimer zwar 36 - 38 f, zum Teil aber auch nur pro Eimer 16 - 18 f. − denn er war sehr ungleich − verkauft wurde. Manche Weinbergbesitzer, die in besseren Jahrgängen 4 - 6 Eimer ernteten, bekamen nur einige Ohm [110 Liter]. Dinkel und Haber geräth gut; der erstere wurde für 5 - 6 f., der letztere für 4 f. verkauft. Heu gab es im Überfluss, und es wurde dadurch der Viehstand, der durch die Trockenheit des Jahres 1843 sehr herabgekommen war, wieder in Aufnahme gebracht. So wohlfeil aber Fleisch im Jahr zuvor war, so teuer wurde es in diesem Jahr, und auch das Vieh selbst blieb in hohem Preise. Das Heu galt dem Zentner nach nur 48 kr, stieg aber im kommenden Frühjahr auf 2 f. Erdbeeren gab es außerordentlich viele und von bester Qualität.

In diesem Jahr hatten wir wieder ein Brandunglück. Ein großer Teil der Gemeinde war am Ostermontag in der Kirche versammelt, als in dem Augenblick, da der Pfarrer die Kanzel betreten wollte, ein Knabe in die Kirche stürzte und „Feuer!" rief. Bereits standen zwei Scheunen in hellen Flammen. Es konnte nicht genau ermittelt werden, ob dieses Feuer in der Scheune des Philipp Ölschläger (Hölls Schwiegersohn) oder des Schuhmachers Wessinger (rother Schumacher) ausgebrochen war. Auch die Entstehungsursache blieb verborgen. Es wurden drei Scheunen eingeäschert und das Wohnhaus des Webers Kraft und das des früheren Fleckenschützen Regelmann stark beschädigt. Beide hatten ihre Meubles versichert. Dem Regelmann und dem Ölschläger wurden lange viele Schwierigkeiten wegen des Wiederaufbaus ihrer Scheunen gemacht, da der Raum nach dem neuen Baugesetz nicht mehr reichen wollte. Der Aufbau verschob sich dadurch bis in den Herbst des folgenden Jahres.

1845

Der Winter von 44 auf 45 brachte ungeheuere Schneemassen. Am 10. Mai 45 fiel wiederum ein ungeheuerer Schnee, der zwar alsbald wieder schmolz, doch in raueren Gegenden, wie auf dem Dobel, einen vollen halben Tag liegenblieb. Die Frühlingswinde wehten fort und fort kalt; im Mai zeigte der Thermometer 2 - 4 Grad unter Null. In diesem Jahr begann eine bedrückende Krankheit bei den Kartoffeln. Das Kraut derselben starb auf einmal im September ab, und an den Knollen setzte sich eine Fäulnis an, die immer tiefer eindrang und sich auch im Keller fortsetzte. Dadurch wurden die Fruchtpreise immer hoch gehalten. Der Scheffel Dinkel kostete 9 - 11 f.

116

Obgleich die Hitze im Juli auf einen so hohen Grad stieg, dass manche Personen den Sonnenstich erhielten und starben, so verschob sich doch die Ernte, weil jene Hitze nur acht Tage anhielt und darauf viel und kalter Regen folgte, bis Mitte August. Heu gab es viel und schön, auch das Öhmd fiel gut aus für den, der sich nicht zu sehr eilte. Die Weinberge gewährten in Qualität und Quantität nicht viel. Die Birnen gerieten schlecht

Den 1.2.3. September versammelte sich der Gustav-Adolf-Verein in Stuttgart, ein Verein, der die Bestimmung hat, verlassene ev. Gemeinden zu unterstützen, damit sie nicht verkümmern und zuletzt zugrunde gehen.

Auch Schreiber dieses wohnte mit viel Interesse dieser Versammlung bei.

1846

Die Fruchtpreise erhalten sich auch in diesem Jahr auf einer bedeutenden und für die Ärmeren sehr empfindlichen Höhe. Der Dinkel pro Scheffel gilt 10-11 f. Wein gibt es nicht viel, aber er wird gut, und darum der Eimer pro 50 fl. und zuletzt zu 60 fl. verkauft. Obst wenig. Erdbirnen wiederum krank.

1847

Eine Masse Schnee, noch im Frühjahr. Im Februar schon wieder ein Brandunglück, wodurch in der Nähe des Hirschwirt

Rieth Haus mehrere Häuser und Scheunen in Asche gelegt wurden. Man vermutete wiederum Brandlegung.

Da die Armen wegen der hohen Fruchtpreise und Mangel an Verdienst immer mehr ins Gedränge kamen – der Scheffel Dinkel galt 12 f., die Erdbirnen waren großenteils noch im Keller zugrunde gegangen –, so versuchte man allerhand Mittel und Wege zur Abhilfe. Es wurden den Unbemittelten Arbeiten im Walde angewiesen; die einen wollten Früchte, die anderen Mehl, die dritten Brot, die vierten – und dies war die Mehrzahl – Geldverteilung, bis das Oberamt endlich entschied, es müsse eine Suppenanstalt errichtet werden. Sie wurde auch wirklich ausgeführt; der Pfarrer nahm sich mit Eifer der Sache an, erntete aber nichts als Undank, ja selbst Hass und Verfolgung war sein Lohn. Bald kehrte der gesunkene Mut zurück bei der Aussicht auf eine ergiebige Ernte; auch die Bäume trugen eine Masse Obst (nur keine Zwetschgen), so dass das Simri zu 6 - 12 s verkauft werden konnte. Die Fruchtpreise sanken wieder, und der Scheffel Dinkel konnte kaum noch für 7 f weggebracht werden.

Im August, den 21. abends halb 6 Uhr, wurde das brave Weib des Joh. Gott. Höll, Bürgers und Bauers allhier, vom Blitze erschlagen. Sie hatte sich (bei dem letzten Gewitter des Jahres) unter einen über die niederen Bäume etwas hervorragenden Birnbaum ihres in der Nähe des Dorfes gelegenen Gärtchens geflüchtet, eine Haue und einen Karst auf dem Rücken.

Der Herbst war spät und der Weinmost, nach Qualität besonders, gering. Doch wurde er pro Eimer für 20-25 fl. abgesetzt.

1848

Am 22. Februar brach in Paris wiederum eine Revolution aus und der König Louis Philipp musste unter großer persönlicher Gefahr mit seiner ganzen Familie nach England flüchten. Es wurde eine Republik errichtet und überall gerufen und angeheftet: Liberté, Egalité, Fraternité. Das Volk wählte nach einigen Monaten Louis Napoleon, den Neffen des älteren, wie man sich ausdrückte, zum Präsidenten. Beim Übrigen heißt es: nous verrons! – Die Bewegung verpflanzte sich bald nach Deutschland, doch anfangs mit ziemlich ruhigem und gesetzlichem Verlaufen.

Am 25. März fast in ganz Württemberg und Baden plötzlicher Kriegslärm. Es seien 8000 französische Arbeiter über den Rhein gebracht und sie plündern, brennen und morden. Hier hieß es: Bühl und Baden-Baden bereits in Asche. Alles war auf den Beinen, die meisten auf Oberamts Befehl bewaffnet mit Gabeln und dergleichen. Erst nach 24 Stunden erweist sich die Nachricht als gänzlich falsch. Das Auffallende ist nur, dass im Elsass ein ähnlicher Lärm war und ebenfalls dort hieß: Die Deutschen kommen! – Ein anderer Schrecken ging für uns in Birkenfeld nicht so ohne Folgen vorüber. Während alle Fuhrleute mit ihren Pferden, auch mehrere Bauern mit andrem Gespann- und Rinderführen nach Calw beschäftigt und abwesend waren, brach in aller Frühe ein gleich anfangs recht drohender Brand aus bei Johann Müller, Kaspars Sohn. Das Rathaus in der Nähe war sehr bedroht. Es brannten wiederum mehrere Häuser und Scheuern ab, und ein oder zwei der von Calw Zurückkehrenden trafen ihre Häuser und Habe auf einem Schutthaufen. An Anzeigen wegen Brandstiftung fehlte es nicht, aber die gerichtliche

Untersuchung brachte doch nichts an den Tag, weil sie, wie man sagte, zu schläfrig betrieben wurde. -

Im April wurden Volksversammlungen über Volksversammlungen auch in Württemberg gehalten, um die Wahlen zur Reichsversammlung nach Frankfurt a.M. vorzubereiten. Eine solche war auch in Neuenbürg am Ostermontag, und daselbst Staatsrat Matthy (aus Großherzogtum Baden) vorgeschlagen und somit gemeinschaftlich mit dem Oberamt Calw gewählt.

Am 2. März wurde die Zensur aufgehoben, am 12. März die Stände einberufen und bald darauf aus der bisherigen Opposition – Römer an der Spitze ein König – ein neues Ministerium ernannt. Die Bewegung in Deutschland nimmt zu. Das Parlament versammelt sich in Frankfurt. Endlich wählt man nach langen Debatten einen Reichsverweser in der Person des Erzherzogs Johann von Österreich.

Die Früchte sinken sehr im Preis, der Dinkel per Simri bis auf 5 f. Die Trauben wollen nicht recht bei uns vorwärts infolge eines im August erlittenen Wetterschlages, der besonders die Weinberge traf. Wein gering, Preis 18 f.; der meiste muss eingekellert werden.

1849

Milder Winter; wenig Schnee, März rau, April ebenfalls (18 Grad unter Null). Die Früchte sinken noch mehr im Preis. Geldmangel; Kreditlosigkeit; man legt die Freiheit zum Nachteil der Besitzenden aus; niemand will mehr seine Schuldigkeiten bezahlen; niemand mehr der Obrigkeit gehorchen. Alles will regieren und politisieren, niemand mehr regiert werden. Am 23. - 25. April in Stuttgart große Bewegungen, so wie fast im ganzen Lande. Der König zieht nach Ludwigsburg, erkennt aber doch endlich – aber nach langem Widerstreben – die Grundrechte und die Reichsverfassung an.

In Offenburg (in Baden) große Volksversammlung. Ungestüme Forderungen derselben an die Regierung. Es bricht in Karlsruhe ein Militäraufstand aus. Der Großherzog und seine Minister entfliehen; die meisten Offiziere ebenfalls. Es wird eine provisorische Regierung errichtet, an ihrer Spitze Brentano. Die Reichsversammlung in Frankfurt treibt die Sache immer mehr auf die Spitze; einzelne Regierungen fordern ihre Abgeordneten zurück, besonders nachdem der König Wilhelm IV. von Preußen die ihm von der Nationalversammlung angebotene Reichskrone ausgeschlagen hatte. Das Rumpfparlament, kaum noch den sechsten Teil der Abgeordneten enthaltend, verlegt sich nach Stuttgart, wird aber von dort nach einigen Wochen mit Gewalt entfernt. Rheinbayern hat sich an Baden angeschlossen. Die Preußen rücken endlich ein und bleiben nach einigen nicht unblutigen Treffen überall Sieger. Struve mit seinem ganzen Anhang, Brentano mit den übrigen Ministern ziehen sich ins badische Oberland zurück und flüchten zuletzt in die Schweiz. Die badische Republik stirbt, der Großherzog kehrt zurück. In Pforzheim 5-600 Freischaren, Leute aus aller Herren Länder, verüben vielen Unfug; doch hier werden wir von ihnen verschont; nur die Grenzstädte behandeln sie als entschiedene Gegner. – Im März hier eine neue Schultheißenwahl, die auf Philipp Wessinger, L. und Bauer, fällt, der sich in jeder Beziehung gut anlässt, dessen Energie und Gewissenhaftigkeit nebst Sinn für Ordnung dem herabgekommenen Dorfe sehr wohl ansteht. Wein zwar nicht viel, aber ordentlich – gut Preis 18 f. – Erdbirnen gleichfalls gut, wenige Fäulnis unter ihnen. Obst ziemlich viel, doch keine Zwetschgen. – Dinkelpreis sinkt bis auf 4 f. Im Oktober tritt das

Märzministerium ab, und Schlayer und Herdegen treten wieder an die Spitze. Die Schwurgerichte werden eingeführt. Der hiesige Schultheiß Wessinger wohnt dem ersten in Tübingen als Geschworener bei.

Ab hier berichtet Pfarrer Straub

Nach langer Pause setzt Pfarrer Straub die Annalen über die hiesige Gemeinde fort. Über die Zeit von 1849 bis 1875, dem Jahre des Aufzugs des genannten Pfarrers, muss der Schreiber dieses rasch hinweggehen und nur das Aller-wichtigste, was er aus Pfarrgemeinderatsprotokollen und anderen Urkunden hat ersehen können, hier niederlegen.

Das Jahr **1851** brachte bekanntlich die Pfarrgemeinde-ordnung. Auch hier, in der schon damals herabgekommenen Gemeinde, begrüßte man dieses Institut mit großen Hoff-nungen und erwartete, dass sich der moralische Zustand bald heben würde. Bald genug freilich sollte sich herausstellen, dass alles beim Alten blieb und dass die Männer der kirchlichen Ordnungen vielfach mit Spott und Schande überhäuft wurden. Das geschah freilich nicht mehr unter Pfarrer Mayer, der im Jahr 1852 nach Kirchheim befördert wurde, aber auf hiesigem Kirchhof sein Liebstes zurücklassen musste, seine Frau, die im Dezember 1848 an der Wassersucht gestorben ist.

Sein Nachfolger, Emil Daniel Mondon, der im Lande bekannte „Salatpfarrer", weil er einst von der Kanzel herab den Verkauf von Salat verkündigt haben soll, zog im Januar **1852** hier auf. 52 Jahre alt war er, als er aufzog, er sollte nach manchen bitteren Erfahrungen hier sein Leben beschließen. Die ersten Anordnungen waren auch bei ihm informierender Art. Er gab sich alle Mühe, in die zerrütteten sittlichen Verhältnisse der Gemeinde Ordnung zu bringen. Das Pfarrernotjahr 1852 veranlasste ihn, die Bürgerschaft auf dem Rathaus zu versammeln und sie zu dem Gelübde zu bringen, Sonn- und Bußtage heiliger zu halten, als bisher der Fall war. Aber nur kurze Zeit gedachte die vergessliche Gemeinde ihres Versprechens. Bald war alles wieder beim Alten. Die Sonntagsentheiligung und die Jugendverwilderung bildet unter ihm und seinen Nachfolgern die stehende Frage, die der Pfarrgemeinderat und die anderen Behörden nie lösen konnten. Die Notjahre trugen wenig zur Besserung der Zustände bei. Allen angestrengten Bestrebungen des Pfarrers, seinen vielen Hausbesuchen, seiner Freundlichkeit und Leutseligkeit sowenig als seinen Ermahnungen und seinem Ernste, gelang es, die sittlich verkommene Gemeinde zu heben. Ein großes Hindernis für seine gesegnete Tätigkeit war die Person des Ortsvorstehers Wessinger, der immer mehr dem Trunke sich ergab und durch die ganze Verwaltung des Amts und durch sein ganzes Betragen sich bei hiesigen Bürgern in Misskredit und Verachtung brachte. Der Pfarrer fand natürlich keine Stütze an ihm. Seine Herrschaft hier war geradezu despotisch; alles, was sich nicht fügte, musste unter seinem Zorn leiden; gegen die Pfarrer war er ins Gesicht freundlich, aber hinter dem Rücken tat er, was er mochte. Seinem ganzen Charakter nach musste er aus dem Pfarrgemeinderatskollegium, dem er bisher angehört hatte, austreten und war so erst recht frei von dem Band, das ihn bisher mit dem Pfarrer noch enger verbunden hatte. Die ganze Gemeinde spaltete sich in zwei Parteien, in eine schultheißenfreundliche und -feindliche. Die besten Bürger konnten sich mit dem parteiischen und auf den eigenen Vorteil bedachten

Treiben des Schultheißen nicht befreunden, schämten sich auch über die Rügen und Untersuchungen, die sich der Schultheiß hinsichtlich seines Amtes gefallen lassen musste.

Ein besonders sich lange zwischen dem Gemeinderat und dem Pfarrgemeinderat hinziehender Streitpunkte war die Frage über den Pfarrgemeinderatsstand in der Kirche; der Streit wurde von beiden Seiten aufs Hartnäckigste geführt und vor die oberen Behörden gebracht, die endlich in streng juridischen Sinn zu Ungunsten des Pfarrgemeinderats entscheiden mussten. Pfarrer selber war vielfach kränklich und hatte schon im Anfang etliche Vikare, Maier, Schwarz, Moser. Während dieser Krankheit des Pfarrers geschah das Unerhörte in hiesiger Gemeinde, die berüchtigte Kirchenschändung. Eben war eine neue Pfarrgemeinderatswahl vorgenommen worden, neue Pfarrgemeinderäte wurden Michael Fix, Christian Vester, Andreas Müller und Dreher Jakob Höll. Da scheint sich die Spannung innerhalb der Gemeinde auf das Äußerste gesteigert zu haben. Am 18. November **1860** fand der damalige Unterlehrer Müller die Kirchentüre offen; als er ins Gotteshaus hineintrat, welch schauerlicher Anblick! Kanzeltuch, Altartuch, Tauftuch in Fetzen zerrissen, die Bibel in tausend Stücke zerfetzt, das Choralbuch zerstört, Orgelpfeifen teils in der Kirche zerstreut, teils hinausgetragen und später auf dem Felde aufgefunden; kurzum, das Innere der Kirche bot einen herzzerreißenden Anblick dar. Nur das Kruzifix auf dem Altar hatten die ruchlosen Verbrecher nicht anzutasten gewagt; das Altartuch war sorgfältig rings um dasselbe zerschnitten. Zitternd ging der Unterlehrer, der eben das erste Zeichen zum Gottesdienst – es war Sonntag – geben wollte, zu dem in seinem Lehnstuhl krank liegenden Pfarrer und konnte vor innerer Aufregung lange nichts vorbringen; endlich fand er

Worte; weinend bedeckte der tief betrübte Pfarrer sein Gesicht und schluchzte tief ob solcher Schandtat im Gotteshaus.

Eine strenge Untersuchung folgte, aber sie hatte keinen Erfolg. Der Volksmund aber bezeichnete dennoch die Täter und suchte sie sogar in der nächsten Verwandtschaft des Schultheißen, aber die Beweise fehlten. Ein Nachspiel zu dieser unerhörten Tat war das Schicksal, das etliche Pfarrgemeinderäte ereilte. Sie behaupteten – so wurde wenigstens mir noch nach 15 Jahren erzählt –, eine Klagschrift an das Ministerium abgefasst resp. unterschrieben zu haben, die lauter Beschwerden über mangelhafte Untersuchung, die parteiische Amtsführung des Schultheißenamts, Oberamts, Oberamtsgerichts, Dekanats etc. enthielt, infolgedessen sie wegen unbegründeter Beschuldigungen und Verleumdungen obrigkeitlicher Personen zu einer Gefängnisstrafe in Rottenburg verurteilt wurden. Es waren dies Samuel Vollmer, Christian Vester, Samuel Bauer Urheber dessen war Andreas Müller. Sie traten dann aus dem Pfarrgemeinderat aus.

Von da an war die Gesundheit des Pfarrers tief erschüttert. Er siechte dahin und starb endlich hier den 18. Januar **1862**. Er hat sich viele Mühe kosten lassen, die Gemeinde sittlich zu heben: er hat gewiss großen Segen verbreitet. Aber er hatte sich auch bittere Feinde zugezogen. Sein letzter Wille war, in hiesiger Gemeinde nicht beerdigt zu werden. Es gab auch jetzt Feinde, die noch genug waren, zu drohen, ihn wieder auszugraben zu lassen, falls er hier liegenblieb. Am 3. Sonntag nach Epiphanias wurde auch hier in der Kirche eine Totenfeier veranstaltet und sein Lebenslauf verlesen.

Ein weiteres Verdienst hat sich Mondon durch seine landwirtschaftlichen Kenntnisse erworben; die meisten Bienenzüchter hier hatten von ihm die erste Anleitung erhalten. Sein Gedächtnis ist bei vielen noch im Segen!

Nachdem Pfarrverweser Hauff die Stelle bis zum Aufzug eines neuen Geistlichen versehen hatte, kam im September 1862 Pfarrer Nefflen von Essingen hierher. Unter seine Amtsführung fallen wichtige Veränderungen in der Gemeinde. Die erste Zeit war auch bei ihm einigen Neueinführungen gewidmet. Im Jahr 1865 feierte Schulmeister Ölschläger seine 50jähriges Dienstjubiläum mit feierlichem Kirchgang; im folgenden Jahr wurde das neue Schulhaus, das einen Kostenaufwand von . . . fl.[55]. verursacht hatte, feierlich einge-weiht; zwei Schulstellen wurden errichtet und beide neu be-setzt. Ebenso hatte das Jahr **1866** endlich den sehnlichst gewünschten Wechsel des Ortsvorstands gebracht. Das unerträgliche Ausbeuteregiment des Wessinger hatte ein Ende, und der Verwaltungsaktuar Wagner von Neuenbürg führte ein geordneteres Regiment. Auch Nefflen gab sich alle Mühe, einen veredelnden und versittlichenden Einfluss auf die Ge-meinde zu üben, zuletzt noch durch die Einführung einer Kleinkinderschule, die auf viele Hindernisse stieß; dessen un-geachtet gelang ihm die Einführung. Nach seinem Weggang freilich hörte auch ihre Existenz auf. Der Anstrengung Nefflens hat man vorzugsweise es zu verdanken, dass Birkenfeld eine Eisenbahnstation wurde. Er ging selbst mit einigen Deputierten vor das Ministerium, um seine Bitte vorzutragen. Durch Ein-führung von Abendstunden der Lehrer suchte er für die Jugend, durch Abendbibelstunden für die Erbauung der Gemeinde zu sorgen, doch hatte er viel zu klagen über die mancherlei Schä-den in unserer Gemeinde, hauptsächlich, was die Jugend be-trifft. Dies mag ihn auch veranlasst haben, nach 5¼ Jahren der Gemeinde wieder Lebewohl zu sagen und nach Eschenbach überzusiedeln. In seiner Familie sind während seines hiesigen

---

55 Angabe fehlt

Aufenthalts verschiedene Änderungen vorgekommen, der Tod seiner zweiten Frau und ihrer Zwillinge und seine dritte Heirat.

Im Januar **1868** zog Nefflen ab. Auch er hatte eine Zeitlang einen Vikar gleichen Namens. Nun wurde das Amt durch den Amtsverweser Hartter versehen, bis den 16. Mai 1868 der neue Pfarrer Reitter von Breitenhold hier aufzog. Es war eine unglückliche Wahl, die das Konsistorium in seiner Person für die hiesige Gemeinde traf. Keiner war für die hiesigen Verhältnisse weniger geeignet als er. Sein stürmisches, unbesonnenes, leidenschaftliches Wesen zusammen mit seiner Überspanntheit und geistigen Erregtheit konnte auf die hiesige Gemeinde nicht günstig wirken. Dabei boten der häusliche Unfrieden und seine Unpünktlichkeit im Äußeren nicht das günstigste Beispiel dar. Man erzählt ihm auch verschiedenes Komische nach, so dass man im Allgemeinen nicht sagen kann, dass er in großem Ansehen hier stand. Seine geistige Überspanntheit, die sich schon früher einmal in ausgebrochener Geisteskrankheit zeigte, musste sich in einer solchen Gemeinde, in der dem Pfarrer so vieles zu leiden obliegt, wieder in derselben Weise zur Geisteskrankheit steigern. Bald zeigte sich dieselbe in zwei bis drei Stunden langen Predigten, die die Leute ermüdeten, so sehr er ein Redetalent besessen haben musste; bald setzte er wieder wochenlang aus und ließ den Schulmeister in der Kirche eine Predigt verlesen. Das führte dazu, dass ihm schon im zweiten Jahr seines Hierseins ein Vikar beigegeben wurde, namens Haug, der bald das Pfarramt selbständig in die Hand zu nehmen hatte. Nur ausnahmsweise konnte der Pfarrer selbst noch eine Funktion ausüben. Bald zeigte sich seine Geisteskrankheit in solchen Maße, dass man es für gut befand, ihn in die Irrenanstalt unterzubringen. Seitdem kam er nur noch einmal hierher, während das Amt von Pfarrverwesern versehen wurde.

1870/75

Nach Haug kam hierher im Jahr 1870 Karl Nefflen, der die hiesige Stelle über die schwere Zeit des deutsch-französischen Krieges versah und in großem Segen wirkte. Auch die hiesige Gemeinde wurde durch die schwere Zeit des Krieges ernster gestimmt, und Nefflen[56] tat all das Seinige, um diesen Eindruck zu erhalten. Die Friedensfeier wurde am 5. März 1871 feierlich begangen. Auf den Krieg folgt ein für die Goldarbeiter in Pforzheim bedeutender Aufschwung, der den hiesigen über 300 Goldarbeiter zählenden Einwohnern viel Geld einbrachte. Wöchentlich trug ein fleißiger Arbeiter über 30 fl. nach Hause; jeder, der jetzt zu sparen verstand, konnte ein wohlhabender Mann werden. Nur wenige benützten diese Gelegenheit; diese konnten selbständige Geschäfte anfangen, sich eigene Häuser kaufen und ein sorgenfreies Leben führen. Den meisten aber gereichte diese günstige Geschäftigkeit zum größten Verderben. Viele fingen erst am Donnerstag an zu arbeiten, und die Herren waren froh, wenn sie überhaupt noch arbeiteten, sie selbst aber verdienten genug, um von Sonntag bis Mittwoch zu lungern, während die Familie im Elende lebte. Man erzählt sich merkwürdige Geschichten über diese Zeit. Der Übermut unter der Jugend, besonders der sonntagsschulpflichtigen, wurde grenzenlos. Alles hatte natürlich Geld; denn alles ging in die Fabrik. Geld sollen sie im Übermut in Waschkörben an Brunnen getragen und gewaschen haben. Ein andermal musste jeder, der an einer Lustbarkeit mitmachen wollte, vornherein einen 20 Guldenschein an der Mütze stecken haben. Kurz, es war ein Leben und Treiben im hiesigen Orte, wie es noch selten erhört war. Machtlos standen Pfarr-

---

56 Pfarrverweser Karl Nefflen

verweser und Schultheiß, der im Jahr 1872 auch zum Pfarrgemeinderat gewählt war, diesem Treiben gegenüber. Strafen wurden hohnlachend hingenommen; alles lebte im Wahn, dass eine solche Zeit nie mehr sich ändern könne. Die Wirtshäuser steckten voll von jungen, kaum den Kinderschuhen entwachsenen Plagen, die die Alten in einen Winkel drückten. Dass es in dieser Zeit schwer war, als Geistlicher viel Ersprießliches zu wirken, ist natürlich. So sehr er sich bemühte, durch Errichtung einer Winterabendschule auf die Jugend durch Vorträge auf die Erwachsenen einen heilsamen Einfluss zu üben, so wenig gelang es ihm im Ganzen. So war es für ihn nicht unerwünscht, als er im November 1873 als Pfarrverweser nach Engelsbrand versetzt wurde. Nun versah das Amt einige Wochen Vikar Baumann von Neuenbürg; dann folgte Pfarrverweser Weinbrenner vom Dezember 1873 - Oktober 1875. Unter diesem wurden zwar die Fabrikverhältnisse wieder schlechter, und der Boden war vielleicht wieder ergiebiger. Allein teils war die Mehrzahl das gute Leben so gewöhnt, dass sie sich nur schwer von demselben trennen konnten, teils war auch er nicht die Persönlichkeit, die etwas Ersprießliches hätte wirken können. Sein Lebenswandel und sein Charakter stach nicht besonders gegen den der Jugend überhaupt ab. Leichtsinn und Trunksucht, Unsolidität und Unpünktlichkeit, namentlich auch Verfehlungen gegen das 6. Gebot im weiteren Sinn (er hatte eine Braut hier, die Philippine Lötterle) brachten das Amt in Misskredit. Wie weit es noch gekommen wäre, wenn die Sache noch länger fortgedauert hätte, wissen wir nicht. Es war gut, dass endlich das Konsistorium den hiesigen Pfarrer Reitter, der schon fünf Jahre nichts mehr versehen hatte, sondern beständig in Winnenden war, pensionierte am 4. Mai 1875. Seiner Frau, die stets hier gewesen war, war als Abzugstermin der 31. August festgesetzt.

In die Zeit zwischen der Erledigung und der Neubesetzung der hiesigen Pfarrstelle fällt nun das erschütternde Drama der Zerstörung des 1828 neugebauten Gotteshauses durch die Flammen. Eben hatte den Tag zuvor die Frau Pfarrer Reitter einen Ausverkauf gehalten, eben war der Tag glühend heiß untergegangen, als um 11 Uhr der schreckliche Ruf erscholl: „Feuer, Feuer!" Es brannte in der Nähe des Pfarrhauses in der Scheuer des Bauern jung Jonathan Müller. Bald stand die Scheuer in vollen Flammen; das Feuer verbreitete sich auf das Wohnhaus. Bald aber trieb der Wind die Flammen der Kirche zu; auf einmal sah man einem bleichen Lichtchen gleich die Flammen in der Spitze des Turmes, während die Glocken um Hilfe riefen. Bald erklang es: Die Kirche brennt! Allein vielen schien die Gefahr nicht dringend, während andere, vornehmlich Schulmeister Müller, mit großer Aufopferung in die Kirche drangen und anfingen, zu retten und hinauszutragen. Durch die große Trockenheit war die Vertäferung und überhaupt das Holzwerk der Kirche so ausgedörrt, dass die Flammen gierig sich auf die ganze Kirche verbreiteten und immer weiter herab die Kirche verzehrten. Vorher (als das Feuer erst oben war) wäre es möglich gewesen, zu löschen, allein die Höhe war für die Spritzen zu groß; nachher aber war eine Löschung der Flammen teils nicht möglich, teils musste man sich der übergroßen Hitze wegen mehr und mehr zurückziehen. So wurde das Gotteshaus ein Raub der Flammen, und der darauffolgende Morgen beleuchtete einen bejammernswerten Anblick: Statt des würdigen Gotteshauses ein großer Trümmer- und Steinhaufen; nur die Grundmauern waren stehengeblieben, das Innere der Kirche gänzlich ausgebrannt, dass auch nicht ein Stücklein Holz übrig geblieben war. Die Glocken hatten sich selber das Grabgeläut gegeben; man fand nur einige mit Steinen und Erde vermischte Klumpen. Was für eine Stimmung durch die Gemeinde ging, als sie ihr bestes Haus also verwüstet sah, kann man sich denken. Was mögen wohl die Brandstifter – denn dass eine Brandstiftung vorlag, war das Wahrscheinlichste, wenn auch die angestellte Untersuchung keinen Urheber herausbringen konnte – gedacht haben, als sie dieses Werk sahen! Es war eine handgreifliche Mahnung zur Buße, zur Umkehr für die ganze Gemeinde. Es war ein erschütterndes Strafgericht, das Gott über diese der Kirche und dem Christentum so vielfach entfremdete Gemeinde verhängte. Gott hat selbst gesprochen, gestraft, gemahnt.

Drei Wohnhäuser und drei Scheuern waren zugleich verbrannt. Auch aus dem Pfarrhaus war alles geflüchtet worden, die ganze Registratur war hinausgetragen. Nur der angestrengten Tätigkeit der Brötzinger Feuerwehr hat man die Erhaltung des Pfarrhauses zu danken, doch war das Hühnerhaus und diese ganze der Kirche zugewandte Seite teils verbrannt, teils angesengt. Ein mächtiger Schrecken, den die Frau Pfarrer noch vor ihrem Abzug durchzumachen hatte, eine große Mühe, welcher der neu einzutretende Geistliche sich unterziehen musste. Dieses ganze traurige Ereignis geschah in der Nacht vom 12./13 August 1875.

Von jetzt an mussten die Gottesdienste sämtlich in dem zum Glück geräumigen Schulsaal gehalten werden. Wenige Wochen darauf erfolgte die Ernennung des neuen Geistlichen Eduard Straub, der bisher Diakonatsverweser in Welzheim gewesen war; unter solchen Auspizien trat der neu ernannte Geistliche in sein doppelt schwieriges Amt hier ein, schwierig teils wegen des Zustandes der Gemeinde, teils wegen des Mangels eines Gotteshauses. Von nun an kann der Schreiber dieses aus eigener Erfahrung und Anschauung die Annalen fortsetzen.

131

1875

Am 20. Oktober des genannten Jahres zog der neue Pfarrer auf. Auf der Station Birkenfeld empfing ihn der Schultheiß, die beiden Lehrer, der Gemeinderat und der Pfarrgemeinderat. Nur zwei wegen sonderbaren, eigentümlichen Gebarens überhaupt bekannte Gemeinderäte, die beide dem Pfarrer nicht sehr zugetan waren, glänzten durch ihre Abwesenheit beim Empfang und auch bei den sonstigen Einstandsfeierlichkeiten; es war dies der alte Gemeinderat Joh. Ölschläger und der Gemeindepfleger Joh. Höll. Nach der Begrüßung wandelte man zu Fuß in das schön dekorierte Pfarrhaus, vor dem zwei Tännlein aufgepflanzt waren. Hier nun war die Schuljugend im Sonntagsgewand versammelt. Schultheiß Wagner verlas vor dem Pfarrhaus eine freundliche Bewillkommungsrede, die der Pfarrer erwiderte. Schulkinder sangen das Lied „Ein getreues Herz zu wissen" und „Gott ist getreu". Damit war der offizielle Empfang erledigt.

Nun ward das Pfarrhaus besichtigt, das in der elften Stunde noch tapeziert, angestrichen und ausgewaschen war und durch die ungesund feuchte Atmosphäre, die noch darin herrschte, einen gerade nicht gemütlichen Eindruck machte. Der Schultheiß lud die Pfarrfamilie freundlich zum Kaffee ein, was dankend angenommen wurde. Abends war ein Abendessen im Gasthaus zu den „Drei Lilien", bei welchem Schultheiß, Gemeinderat, Pfarrgemeinderat, Lehrer (mit Ausnahme obiger zwei) erschienen. Eine Stunde danach versammelte sich der hiesige Liederkranz, um einige Lieder zu Ehren des Pfarrers und zur Würze des Mahls vorzutragen. Er hatte sogar beabsichtigt, dem aufgezogenen Pfarrer einen Fackelzug zu bringen, was jedoch ihm zum Glück ausgeredet wurde, zumal da das Pfarrhaus noch ganz unbewohnt war.

Am folgenden Tag war der Herbst, der eigentlich auf den Einzugstag des Pfarrers bestimmt war, aber aus diesem Grunde auf den nächsten Tag verlegt war. Am nächsten Sonntag, dem 24. Oktober, war die Investitur unter eigentümlichen Umständen. An dem Schutthaufen der Kirche mussten wir, Dekan Leopold von Neuenbürg und ich, vorübergehen, um in einem ungenügenden und ungemütlichen Schulsaal das Fest zu halten. Auch der Himmel sah gar nicht rosig darein. In der Schule war rechts vom Katheder, der die Stelle einer Kanzel vertrat, der Gemeinderat, der Pfarrgemeinderat, links die Frauen (Pfarrerin, Schultheißin, Schulmeisterin etc.) auf Stühlen versammelt, in den Bänken waren rechts die Männer, links und im hinteren Schulzimmer die Frauen. Nachher war das Investituressen, ebenfalls im Gasthaus „Zu den drei Lilien", woran außer den Genannten noch der geistliche testis, Pfarrer Sülzer von Gräfenhausen, und der noch anwesende Pfarrverweser Weinbrenner teilnahmen.

Was den Pfarrer für die erste Zeit hauptsächlich in Anspruch nahm, war natürlich der Kirchenbau, der bereits, ehe er aufgezogen war, angefangen war. Es wird derselbe, wenn einmal von der Vollendung derselben die Rede sein wird, zusammenhängend dargestellt werden. Hier nur so viel, dass es für den Pfarrer auf der einen Seite zwar angenehm war, von äußerlichen Bauangelegenheiten befreit zu ein, auf der anderen Seite aber doch nichts weniger als erquicklich war, in Kirchensachen oft so ganz auf die Seite sich gestellt zu sehen. Die Bauangelegenheit, die allerdings auf den Beutel der Gemeinde ging, wurde nämlich ohne Befragen oder Zuziehung des Pfarrers so rein vom Gemeinderat behandelt, dass es manchmal für ihn recht beschämend war. Die Sache wurde etwas besser, als der Pfarrer sich an das gemeinschaftliche Oberamt wandte und sich beklagte, dass er gar nicht auf dem Laufenden gehalten werde, worauf das Oberamt anordnete, dass selbstverständlich der Pfarrer bei den Kirchenbauangelegenheiten zugezogen werden sollte. Die Missgriffe, die in diesem Kirchenbau vorkamen, kann der Pfarrer getrost von seinen Schultern wegwälzen, da er oftmals keine Kenntnis davon, geschweige denn eine Stimme in den Beratungen hatte.

Die Birkenfelder kamen dem neuen Pfarrer mit Freundlichkeit entgegen, und er sah seine allerdings von Anfang an kleinen Hoffnungen ordentlich übertroffen. Nur die ledige Jugend, dieser Krebsschaden in hiesiger Gemeinde, trat ihm gleich von Anfang an keck und trotzig entgegen. Durch das seit dem Anfang des Jahres 1875 bekannt gewordene Gesetz über Aufhebung des Kinderlehrzwanges ist auch in dem Besuch der hiesigen Kinderlehre eine große Veränderung eingetreten. Bei seinem Eintritt in sein Amt fand der Pfarrer vor, dass die beiden ältesten Jahrgänge ihre Freiheit derart benutzten, dass fast keiner mehr erschien. Durch Zuspruch des Pfarrers und durch energische Vorstellungen gelang es, wieder mehr Besucher zu gewinnen. Doch wurde kein regelmäßiger Besuch mehr erreicht, und es blieb dieser Punkt des Kinderlehrbesuches eine stete Crux für den Pfarrer. Auch durch Zureden bei den Eltern konnte nicht viel bezweckt werden.

Das Jahr war im Allgemeinen ein gutes und fruchtbares zu nennen. Auch der Wein geriet gut und kam auf 50 fl. (86 M) je drei Hektoliter zu stehen.

1876

Mit dem 1. Januar dieses Jahres sollten die neuen Gesetze über die Eheschließung und Beurkundung des Personenstandes ihre Gültigkeit erhalten. Standesbeamter wurde Schultheiß

Wagner, Stellvertreter das älteste Gemeinderatsmitglied, Jakob Höll Totengräber. Die Gesetze wurden vom Schultheißen gehörig publiziert. Das Gesetz war der Mehrzahl unverständlich, wonach sie bei jedem Fall zuerst zum Schultheißen gehen mussten und von da erst zum Pfarrer; es ging deswegen besser, weil die Zivilehe usw. schon seit mehreren Jahren in Baden eingeführt war. Der erste Fall der bürgerlichen Eheschließung (aber mit nachfolgender kirchlicher Trauung) war die Hochzeit der Tochter des Küfers Joh. Ölschläger mit einem Landwirt in Pforzheim, Katz. Sonst bewirkte dieses Gesetz vorerst keine Änderung.

Die Geschäfte in Pforzheim, die schon vorige Jahre immer schlecht gegangen waren, gingen noch viel flauer, und manche von jenen hochmütigen Bürschchen, die über alles sich hinweggesetzt hatten, mussten nun feiern und hatten Zeit, über ihren Leichtsinn nachzudenken. Mancher, der die Bauern seiner Zeit verächtlich angesehen hatte, musste froh sein, wenn sie ihm Gelegenheit zum Verdienst durch Taglohn verschafften. In vielen Familien herrschte infolge der Geschäftsnot große Not, in den meisten Fällen eine nicht unverschuldete.

Am 31.Juli geschah ein erschütternder Unglücksfall. Der verheiratete, 34 Jahre alte Jakob Regelmann arbeitete in den Steinbrüchen und war mit Sprengen von Steinen beschäftigt. Sei es dass er zu stark geladen hatte, sei es dass er sich nicht rasch genug entfernt hatte, kurz: die Ladung ging los, ehe er sich bergen konnte, und die Steine flogen weithin und erregten allgemeinen Schrecken. Ein Stein traf den Regelmann so unglücklich an den Kopf, dass er mit zerschmetterter Hirnschale sogleich den Tod fand. Leider hätte man, menschlich gedacht, gewünscht, dass diesem Verunglückten auch eine längere Frist zur Buße gegeben worden wäre: Gott sei seiner Seele gnädig.

Leider sollte dem großen Kirchenbrand am 12. August binnen weniger als Jahresfrist ein zweiter bedeutender Brand folgen. In der Nacht vom 15/16. Mai erscholl um 1 Uhr abermals der Ruf: Feuer! Ein elender Brandstifter, den Gott richten wird, hatte die Scheuer der Wittwe des Gottfried Müller in Brand gesteckt, welche bald lichterloh brannte und mit rasender Schnelligkeit vom wütenden Element verzehrt wurde. Das Feuer ergriff das Wohnhaus der Wittwe, das auch dem Metzger Stumpp zur Hälfte gehörte, sowie Scheuer und Wohnhaus des Gemeinderats Johann Müller und seines Schwiegersohns, die Scheuer des Bürgermeisters Joh. Höll, Johann Regelmann, Michael Regelmann und versehrte die anstoßenden Wohngebäude. Es war eine große Schuttstätte, die abermals den Flecken verunstaltete, nachdem die letzte noch nicht verwischt war. Gott helfe gnädig weiter!

Am 18. Juni war unter allgemeiner Beteiligung das Fest der Fahnenweihe des Kriegervereins und des Sängerbunds hier. Der Pfarrer wurde gebeten, die Festrede zu halten, und nach einigem Bedenken sagte er zu, hauptsächlich deswegen, weil ja eine Rede doch gehalten worden wäre, nur vielleicht dann eine phrasenvolle, inhaltsleere, während der Pfarrer doch die Sache vom christlich-religiösen Standpunkt behandeln und so, wenn auch vielleicht gerade nichts Gutes wirkte, doch Böses verhüten konnte. Dass das Fest natürlich nicht ohne Ausgelassenheit und Ausschweifungen ablief, lässt sich denken. An den „Drei Lilien" war der Festplatz bestimmt und die Festtribüne errichtet. Abends war „Ball" im Hirsch und Adler.

Der Herbst war ziemlich gut und lieferte nach Quantität und Qualität einen zufriedenstellenden Ertrag. Der Preis war derselbe wie im vorigen Jahr. Obst gab es nicht viel, namentlich trugen die Zwetschgenbäume, die im letzten Jahr einen überreichen Ertrag geliefert hatten, dieses Jahr gar nichts. Dagegen waren die Kirschen geraten. Die Getreideernte fiel gut aus.

Die wichtigste Tat in diesem Jahr war der Tag der Einweihung der neuhergestellten Kirche am 12. November. Ich will bei dieser Gelegenheit in der Kürze den Verlauf der Geschichte des Kirchenbaus schildern. Gleich nach der Einäscherung unseres Gotteshauses beriet sich die Gemeinde mit dem Oberamtsbaumeister Mayer von Neuenbürg über den Wiederaufbau der Kirche. Derselbe machte sich gleich daran, einen Plan über den Bau nach innen und außen auszuarbeiten, so ziemlich im alten Stil. Der Plan gefiel dem Gemeinderat; nur der Turm, der ganz dieselbe Neigung und Steigung hatte wie das Haus, wollte nicht recht einleuchten, zumal da der Turm der zerstörten Kirche ein weithin sichtbarer und hoher gewesen war. Doch ließ sich schließlich durch die Beweisgründe der Baumeister überreden, seine Zustimmung zu geben. Die Sache wurde nun frisch angegriffen; Mayer gab sich alle Mühe, den Bau zu beschleunigen. Allein nun zeigten sich mit der Zeit allerhand Defekte und Misslichkeiten. Der unförmliche, hässlich niedrige Turm, der sich ausnahm wie das Dach eines Gartenhäuschens, die Sakristei, deren Außenmauer gerade mitten auf das Fenster zulief, die unsolide Arbeit der Emporen, auf denen man seines Lebens nicht sicher war, besonders die Orgelempore. Dies und noch verschiedenes andere bewog den Gemeinderat, Änderungen und Verbesserungen vorzuschlagen. Da aber Mayer nicht darauf eingehen wollte, vielmehr alles Unästhetische und Unsolide in der Ausführung wegstritt, so fasste der Gemeinderat den Entschluss, einstweilen den Bau einstellen zu lassen, bis die Sache durch einen geprüften Techniker untersucht sei. Ich muss hinzu bemerken, was schon oben gesagt, ist, dass dies alles ohne

Wissen des Pfarrers geschah, der erst nachher durch andere von diesen Beschlüssen erfuhr. Nun wurde zuerst ein Techniker von Pforzheim berufen, dessen Urteil sehr ungünstig ausfiel, aber von Mayer nicht anerkannt worden ist. Jetzt wandte man sich nach Stuttgart an Prof. Silber, der versprach, die Sache untersuchen zu wollen, und auch nach einiger Zeit kam. Auch er fand einige Verbesserungen für rätlich und machte sogleich seine Pläne, riet aber, Mayer beizubehalten als technischen Aufseher, während er die Oberaufsicht führen wolle. Davon wollte aber der Gemeinderat nichts wissen, da Mayer allen Kredit verloren hatte, sich auch unleugbar als dem Kirchenbau nicht gewachsen gezeigt und schon bisher den Bau sehr mangelhaft beaufsichtigt hatte. Man wollte lieber einen aus dem Büro des Prof. Silber hervorgegangenen Bauführer während des ganzen Kirchenbaus besolden, statt sich wieder die Sache verhunzen zu lassen. Diese Verhandlungen waren so unerquicklicher Art, die ganze Stimmung der Gemeinde ebenso gereizt. Durch die Verzögerungen, die der Bau der Kirche zu nehmen schien, sah sich endlich der Pfarrer zu einem direkten Eingreifen in die Angelegenheit genötigt. Er ließ sich durch den Gemeinderat als Bevollmächtigen erwählen, um nach Stuttgart in der Kirchensache mit Prof. Silber zu verhandeln, und bestimmte ihn zu einem alsbaldigen Besuch in Birkenfeld, um den Bau zu beschleunigen. (Am 1. Juni gab es eine stürmische Sitzung des Gemeinderats und Bürgerausschusses in An...)[57] Am 1. Juni wurde der Kirchenbau neu geregelt und die nötigen Abänderungen beschlossen. Die Arbeiten wurden verteilt und der Bauführer Heiß nach Birkenfeld beordert. Verschiedene weitere Verhandlungen, betreffend hauptsächlich den Turm, führten zu einer Endsitzung am 15. Juli, die unge-

---

[57] Dieser Satz ist unvollendet und im Original durchgestrichen.

heuer stürmisch war, da der Bürgerausschuss durch die Verhetzungen des Obmanns Karl Ölschläger sich dahin aussprach, den niedrigen Turm „zur Schande des Gemeinderats" stehenzulassen. Nur dem energischen Auftreten des präsidierenden Oberamtmann Gaupp gelang es, die Sache zu einem günstigen Ende zu bringen. Es wurde nun beschlossen,

1. den Kirchturm wieder abzubrechen und einen höheren nach dem Plan des Prof. Silber aufzuführen;

2. von einem weiteren Stuhl auf der Emporekirche, wie ursprünglich der Gemeinderat gewollt hatte, der den Raum der Kirche als nicht ausreichend ansah! abzusehen (nur den energischen Anstrengungen des Pfarrers gelang es, die Hässlichkeit zu verhüten);

3. auch den vorderen Eingang zu verschönern, teils durch Verwandlung des sogenannten Ochsenauges über dem Eingang in eine schöne Rosette, teils durch Errichtung eines kleinen Portals.

Prof. Silber hatte versprochen, den Bau bis zur Kirchweih fertigzubringen. Der Pfarrer musste aber alle Mittel aufwenden, um diesen Termin festzuhalten. Während man vorhin monatelang gefeiert hatte, wurde jetzt über Hals und Kopf gearbeitet; doch bot die Kirche sowohl von außen als von innen einen ziemlich unvollständigen Anblick dar. Der Turm hatte noch keine Schieferbedeckung, das Portal war noch nicht angebracht, innen fehlten die Treppengeländer. Am Taufstein wurde bis Samstagnacht gearbeitet; die Kanzel kam erst am Samstag abends vor der Einweihung und wurde in der Nacht befestigt. Außerdem wurde auf Ansinnen des Geistlichen für die hiesige Kirche neu angeschafft eine neue Bekleidung für Kanzel, Altar und Taufstein. Die Inschrift auf dem Kanzeltuch war die einzige Stiftung für die Kirche. Zur Ehre der Stifter seien ihre Namen hier genannt. Es waren Wittwe Müller,

Schwiegermutter des Schulmeisters 20 M, Mahlmüller Bäzner 3 M, Kaufmann Burger 3 M, Jakob Wolfinger 2 M, Ehmann Wit 2 M, Gemeinderat Müller 2 M, Goldarbeiter Karl Roth 2 M, Fix, Müllers Schwiegersohn 1 M, vormals Ehefrau 2 M 50 Pf, zusammen 37 M 50 Pf. Die Kosten der Stickerei betrugen 44 M, das Fehlende wurde vom Opfer genommen. Außerdem wurde ein neues Taufbecken samt dazugehörigem Opferteller um 50 M angeschafft. Einzelnes findet sich noch unten.

Zu der Einweihung wurden vom Geistlichen sämtliche Meister, die an dem Bau beschäftigt waren, eingeladen. Sie kamen auch zum großen Teil. Weiter kam Herr Prälat Georgii, Herr Dekan Leopold, Herr Pfarrverweser Nefflen von Engelsbrand; dies war der einzige Geistliche aus der Nachbarschaft. Prof. Silber war natürlich auch anwesend. Das Wetter war leider so ungünstig als möglich. Es regnete unaufhörlich und wurde auf der Erde zu Eis, so dass man kaum gehen konnte musste[58]. Dennoch war die Kirche gefüllt. Die Einweihungsfeierlichkeiten zu beschreiben, will ich unterlassen, man findet dieselbe teils im Programm, das in der Registratur des Pfarramts aufbewahrt ist, teils in der Beschreibung im Kirchen- und Schulblatt von 1877 aus der Hand des hiesigen Geistlichen, teils im „Enztäler" in der betreffenden Nummer nach dem 12. November 1876. Auch die verschiedenen Namen der anwesenden und nicht anwesenden Meister, die beim Kirchenbau beschäftigt waren, finden sich in der Registratur. Nur das kann ich nicht unterlassen, zu berichten, was vielfach als böses Omen aufgenommen wurde, dass beim Aufschließen der Kirche die Türe aber absolut nicht aufgehen wollte; es war das etwa nicht eine Ungeschick des Pfarrers; es eilten vielmehr demselben Bauführer in Person zu Hilfe, die sie aber ebenso

---

58 Im Original wohl aus Versehen „musste".

wenig aufzuschließen vermochten, bis endlich Gemeinderat Mann, nachdem er sich auch zuerst vergeblich bemüht hatte, die Kirche zu einer anderen Türe betrat und von innen aufmachte. Es war ein tragikomischer Augenblick, als unter strömendem Regen alles der Öffnung des Gotteshauses harrte und die Türe nicht aufgehen wollte; bei aller Feierlichkeit spiegelte sich hier Verlegenheit, dort sogar Ergötzlichkeit in den Mienen. Außer diesem Zwischenfall verlief das Programm ordnungsmäßig. Herr Prälat Georgii verließ nach dem Gottesdienst, der bis gegen 1 Uhr dauerte, sogleich Kirche und Ort in nichts weniger als erbaulicher Stimmung, teils wegen des verdrießlichen Unwetters, teils wegen des zu langen Gottesdienstes, wovon er kein besonderer Liebhaber sein soll. Herr Dekan nahm dagegen an dem Festmahl im Gasthaus zum Rössle Anteil.

Die Kosten des ganzen Kirchenbaus mögen sich im Ganzen auf 80 - 82000 M belaufen; die Entschädigung von der Feuerversicherungsanstalt betrug 56000 M, so dass die Gemeinde der Bau noch 24 - 26000 M traf. Im Ganzen kann man sagen, dass die Gemeinde nun auf billige Weise zu einem neuen Gotteshaus kam. Hätte man gleich von Anfang an, sich an einen besseren Techniker gewendet, so hätte man nicht abzuändern brauchen und wären der Gemeinde etliche tausend Mark erspart geblieben. Aber die Aussicht des Oberamtsbaumeisters Mayer, er wolle die Kirche um das Versicherungsgeld wieder herstellen, die Gemeinde koste es also nichts, war zu verlockend, als dass sie nicht hätte darauf eingehen sollen.

Da die Rechnungen, den Kirchenbau betreffend, beim Schultheißenamt liegen, so lege ich hier einige Einzelkosten vor zur Merkwürdigkeit:

Bank in der Sakristei kostet	16 M 80 Pf.
3 Liedertäfelchen à 8 M 50 Pf.	
40 Blechnummern 18 M	43 M 50 Pf.
Treppenstuhl in der Sakristei	14 M
3 Opferbecken à14 M	
3 Opferbecken à 12 M	78 M
1 kirschbaumener Tisch in der Sakristei	60 M
4 kirschbaumene Stühle in der Sakristei	
und an der Orgel	32 M
Der Altar	177 M und 30 M
Kanzel mit Schalldeckel	768 M

Dazu noch 3 Figuren, der hl. Geist, Konsolen, Knopf extra
(Kanzel ist von Schreiner Büschle in Stuttgart)

1877

Der anfangs gehoffte sittliche Umschwung in der Gemeinde, die so schrecklich ein Gotteshaus verloren hatte und nun erst den Wert eines solchen wieder erkennen musste, nun aber durch Gottes Gnade wieder zu einem Gotteshause gekommen war, schöner, als das alte gewesen war – der gehoffte sittliche Umschwung trat nicht ein. Der Kirchenbesuch ward kein besserer, als er schon vorher in der Schule war; die ledige Jugend gab zu erneuten Klagen und ernsten Besorgnissen Anlass. Auch die schlechten Geschäfte in Pforzheim riefen nur wenige zur Buße. Das alte liederliche Leben nahm immer mehr seinen Fortgang. Die Sonntagsheiligung bildete eine stehende Klage für die hiesigen Gutgesinnten. Der Pfarrgemeinderat beschloss in dieser Sache dieses und jenes, allein es fehlte teils an der exekutiven Macht für die Ausführung, teils auch unter dem Pfarrgemeinderat selber der rechte Sinn für diese Frage. In der Heuernte erkannte fast niemand, dass es Sonntag war; hemdsärmlig strömten sie schon vormittags gleich nach der Morgenkirche hinaus, ohne dass irgendeine Not vorhanden war, um draußen zu häufeln und zu wenden und mittags in Sicherheit zu bringen und heimzuführen. Am Pfarrhaus wetterten sie vorüber, ohne sich zu genieren; selbst von sonst zu den Besseren Gehörenden wurde dieses schlechte Beispiel der Weltkinder nachgeahmt. Hatte man dann sein Schäflein im Trockenen, dann konnte man an die Heiligung des Sonntags denken – im Wirtshaus. Ein Wirtshaus um das andere erstand neu. Jeder wollte Wirt werden, ein Zeichen, wie einträglich dieses Geschäft sein musste. Bald entstand eine „Goldene Kette", die die Gäste fest umklammerte und sie nicht mehr fortließ; bald lockte ein Schild „Zum Falken", ein Gasthaus, dabei aber mehr die Gäste armen Falken glichen, die von Raubvögeln verfolgt wurden; bald stieg der süße Geruch der „Rose" den Vorübergehenden verlockend in die Nase, während schon vorher eine „Krone" einlud, sich an den Königstisch zu setzen, ein „Grüner Baum" mehr die Prosaiker hereinzog und das Gasthaus „Zu den drei Lilien" mehr die Romantiker anzog. Kurz, Wirtshäuser entstanden wie Pilze aus der Erde; je schlechter die Geschäfte in Pforzheim gingen, um so schwunghafter wurden diese betrieben und um so glänzender schienen diese zu gehen. Kein Wunder, Bürschchen, kaum der Schule entwachsen, wurden von diesen schwänzelnden Wirten wie große Herren bedient mit Bier und Zigarren, und es kam vor, dass Konfirmanden an ihrem Konfirmationstag kurz vor dem Spaziergang mit ihnen und gleich nach der Kirche im Wirtshaus sich zuvor gütlich taten – und Wirte wehrten nicht. Die Kirche wurde vormittags vielleicht von 15 - 20 Prozent besucht; die andern liefen in schmutziger Wäsche oft nach der Predigt noch schamlos am Pfarrhaus vorbei. Mittags waren nur

143

etwa 40 - 50 Weiblein in der Kinderlehre. Nur ein Mann kam regelmäßig in die Kinderlehre Nachmittags, dessen Namen verdient, aufbewahrt zu werden: Joh. Kappus, noch ledig. Indessen hingen die Leute doch noch in Kasualien und dergleichen an der Kirche, sei es der größeren Feierlichkeit wegen, sei es aus Aberglauben. So kam es nie vor, dass die kirchliche Trauung verschmäht wurde, mit Ausnahme eines Ehepaars schon im Jahr 1876; Joh. Regelmann und Mathilde Fix, die aber auch die kirchliche Trauung nach vier Monaten noch nachholten. Es wäre übrigens besser gewesen, sie hätten dieses unterlassen; denn diese beiden sind so leichtsinnig und schlecht, dass es für die Kirche keine Ehre ist, dieselben auch mit ihrem Segen beglückt zu haben.

Indessen wurde die Kirche vollends vollendet. Gleich nach der Einweihung wurde noch fortgearbeitet; im Januar dieses Jahres und in den folgenden Monaten wurde jeder gute Tag benützt, um das Fehlende vollends zu ergänzen. So wurde die Kirche immer hübscheren Aussehens; nur der vordere Eingang sollte noch dieses Jahr nicht zum Abschluss kommen, obgleich das Projekt schon längst im Plane ausgefertigt lag. Als die Maler im Sommer die Kirche vollendet hatten, war es für den Geistlichen eine Freude, darin zu predigen, es war nur schade, dass sie so wenig benützt wurde und die Menschen dieses Gotteshauses so wenig würdig waren.

Was die Ernte dieses Jahres betrifft, so war sie gut; Obst gab es wenig, Zwetschgen etwas. Dagegen missriet der Wein vollkommen. Eben als der Weinstock die schönsten Hoffnungen bot, kam ein schwerer Frost, der sie gänzlich zunichte machte. Der Weinstock bot ein überaus klägliches Bild dar. Über zwei Drittel mussten weggeworfen werden, ein Drittel konnte abgeschnitten werden, gab aber ein so saures Getränk, dass es mit Wasser, Most und Zucker vermengt wurde, um nur trinkbar zu sein. Das war wieder ein großer Verlust und ein hartes Unglück für die Gemeinde.

Auch dieses Jahr sollte nicht zu Ende gehen, ohne abermals durch eine Feuersbrunst ein trauriges Andenken zu hinterlassen. In der Nacht vom 4. - 5. Dezember erscholl abermals der Ruf: Feuer! Es stand die Scheuer des Kronenwirts Johann Ölschläger in hellen Flammen. Bald verbreitete sich das Feuer auf das benachbarte, dem Goldarbeiter Stahl gehörige Wohnhaus sowie auf die den Goldarbeitern Bächtold und Mößner gehörigen Gebäulichkeiten, die alle total niederbrannten. Diesmal waren zum größten Teil arme Leute betroffen. Besonders traurig war die Wittwe des Samuel Müller daran, welche gar nicht hier war, während das Feuer ihre ganze Habe verzehrte, und eine andere ferner kränkliche und von der Gemeinde unterstützte Wittwe namens Elisabeth Staib, geb. Vollmer. Auch jetzt wurden verschiedene Verdächtige gefänglich eingezogen. Schon aus Anlass des letzten Brandes war Zimmermann Schroth, ein sehr anrüchiger Mensch, in Untersuchungshaft gehalten, musste aber wegen mangelnder Beweise wieder seiner Haft entlassen werden. Jetzt wurden vier Strolche eingekerkert, der Bruder des Schroth: Adam Schroth, Jakob Vester, Christian Vollmer und Wilhelm Ruf. Dieselben saßen aber noch in der Krone, als der Brand anging. Verschiedene verdächtige Anzeichen ließen hoffen, diesmal die wirklichen Verbrecher ertappt zu haben. Abermals umsonst! Später wurde der Kronenwirt Ölschläger selbst mit seiner Frau in Untersuchungshaft gehalten; auch hier war das Ergebnis das, dass er schließlich wieder frei wurde. Wie viele Geschäfte dies den Behörden verursachte und wie ärgerlich es für sie sein musste, zuletzt ein so klägliches Resultat zu erreichen, lässt sich denken. Es war auch kein Wunder. Die große Mehrheit der hiesigen Einwohner war so unzuverlässig bei ihrer Vernehmung, benahm sich so feig und gemein, wenn sie als Zeugen gehört wurden, dass man sich für seine

Gemeinde nur schämen konnte. Die fortwährenden Brandfälle hielten aber die Gemeinde in so fortwährender Angst und Spannung, dass jeder, der etwas besaß, sich nur mit Zittern und Zagen zu Bette legen konnte; dem allem nach lassen es sich die elenden Schufte bei den bisherigen traurigen Brandfällen nicht bewenden; es bewährt sich auch hier: Das ist der Fluch der bösen Tat, dass sie fortzeugend Böses muss gebären.

Noch ist ein Wechsel in der Stelle des 2. Schulmeisters hier in diesem Jahr zu registrieren. Der bisherige 2. Schulmeister Jakob, welcher erst seit Ostern 1875 seine hiesige Stelle treu und gewissenhaft versehen hatte, wurde Ostern 1877 nach Bernbach bei Herrenalb versetzt. An seine Stelle trat der bisherige Institutslehrer in Ludwigsburg Schnitzler.

1878

Das neue Jahr begann nicht mit den erfreulichsten Auspizien. Schultheiß Wagner, der sich bei dem letzten Brande erkältet hatte und schon Wochen leidend war, musste sein Amt provisorisch dem ältesten Gemeinderatsmitglied Jakob Höll übergeben, da die Ärzte Schonung verlangten, wenn sein Leben gerettet werden sollte. Über 4 Monate war jetzt das Schultheißenamt und Standesamt sozusagen verwaist. Da war noch viel weniger hinsichtlich von Ordnung zu hoffen als vorher. Es blieb vieles natürlich im Amte liegen, was eben der alte Bauer und Totengräber nicht verstand, und wer weiß, wohin es vollends gekommen wäre, wenn die Zeit der Amtsverweserei länger angedauert hätte? Doch gottlob, nach einem stärkenden Aufenthalt in Baden-Baden war Schultheiß Wagner wieder so weit hergestellt, dass er im Mai sein Amt wieder übernehmen konnte. – Ein ernstes Gericht kam über manche Familie in Gestalt der Halsbräune, die größere Kinder schnell wegraffte. Eine Familie verlor 3 ihrer Kinder an dieser Krankheit. Trauer und Wehklagen kehrte in viele Häuser ein.

Abermals ist am 1. Mai ein Brand zu verzeichnen. Die große Zehntscheuer, an der verschiedene Familien Anteil hatten, war angezündet worden und brannte bis auf den Grund nieder. Der Pfarrer erfuhr von diesem Brande auf einer Reise; nun, da nach einem halben Jahr abermals das gleiche Verbrechen begangen wurde, entfiel dem Pfarrer aller Mut. Nach Hause geeilt, fand er zwar nicht, was er gefürchtet und in der Ferne nach einem Bericht erwartet hatte, aber er fasste den Entschluss, einem Ort, wo die Verkommenheit und Ruchlosigkeit derart überhandnehmen kann, den Rücken zu kehren, da doch alle Bemühungen und Anstrengungen allem Anschein nach vollkommen fruchtlos blieben. Er meldete sich um die gerade erledigte Stelle Baltmannsweiler, OA Schorndof, und nach Verfluss von 2 Monaten hatte er das Dekret in Händen. Kurz, ehe das Dekret kam, fiel jedoch – sollte man es für möglich halten? – abermals in der Nähe des Pfarrhauses ein Brand ein, am 24. Juni. Die Scheune des Schroth und Schreiner Höll war am hellen Mittage angezündet worden: Diesmal hatte man den Urheber entdeckt. Nach vorherigem langem und mit nachherigem abermaligen Leugnen hatte sich ein Schulkind, die 12-jährige Pauline Weißer, zu der ruchlosen Tat bekannt; nur schade, das dieselbe noch nicht volle 12 Jahr ist und sie somit straflos ausgeht. Ich fürchte, auch diese Tat hat am Ende einen schlimmen Einfluss auf die Schulkinder, die schon vorher gründlich verderbt sind und nur umso frecher werden können, je deutlicher sie sehen an diesem Beispiel, dass man ihnen doch nichts anhaben kann.

Ach, in welcher Zeit leben wir! Draußen ist der Abgrund des Verderbens so groß, dass ruchlose Subjekte auf das geheiligte Haupt des Kaisers losdrücken![59] und in dieser Gemeinde,

---

59 Im Mai und Juni 1878 fanden zwei Attentate auf Kaiser Wilhelm I. statt.

welcher Abgrund von Sittenlosigkeit und Frechheit tut sich auf! Gott bessere es! Möge der treue, barmherzige Gott nicht müde werden, in die hiesige Gemeinde auch fernerhin zu sprechen, und wäre es auch durch gewaltige Strafgerichte, nur dass etliche daraus gerettet würden.

Pfarrer Straub hat am 29. Juli die Gemeinde zu verlassen. Möge sie die rechten Nachfolger erhalten, der bessere Erfolge erzielt, als es ihm vergönnt war! Möge er sich besonders der vielen hiesigen Armen, zumal der Würdigen, treulich annehmen, die sonst hier wenig Schutz finden!

Von da an von Pfarrer Seeger:

Pfarrer Seeger mit seiner Frau

Nach Abgang von Pfarrer Straub trat hier als Amtsverweser ein: Vikar Brecht von Neuenbürg. Derselbe war aber nur wenige Wochen hier. Die Ursache ist folgende. Zu einer Sonntagskinderlehre, die er hielt, erfrechten sich einige der (älteren) Sonntagsschüler, die überhaupt nicht mehr aufstanden und sich zum größten Teil ganz unregelmäßig einfanden, im Eingangsgesang statt des aufgesteckten Liedes schlechte Lieder nach eigener Melodie zu singen, und zwar so laut, dass der ganze Gesang auffallend widerlich gestört wurde. Pfarrverweser Brecht zeigte diesen Unfug beim Oberamtsgericht an, und die Folge war die sofortige Inhaftierung der Delinquenten. Dieselben blieben auch ein Vierteljahr in Neuenbürg in Haft. Vor dem Landgericht in Tübingen wurden sie zwar mit Hilfe ihres Advokaten in Anbetracht der erlittenen Haft von weiterer Strafe losgesprochen, aber der Effekt war im Wesentlichen erreicht. Sie rächten sich zwar durch ferneres Wegbleiben von der Kinderlehre, bis Pfarrer Seeger sie zum Besuch der Kinderlehre wieder bewog, nicht ohne ihnen klar zu machen, dass ihre Strafe eine verdiente gewesen. Brecht aber, der sich nicht mehr sicher fühlte, wurde versetzt. Von da an wurde die Pfarrei zwei Monate lang von Gräfenhausen, Ottenhausen und Neuenbürg aus versehen, bis der Schreiber dieses am 4. Dezember 1878 hier aufzog. Er wurde von den bürgerlichen Kollegien auf dem hiesigen Bahnhof abgeholt, und unter dem Klang der Glocken zog er in die Gemeinde ein, welche zahlreich am Pfarrhaus selbst sich aufgestellt hatte. Hier (hielt) las Herr Schultheiß Wagner eine Ansprache an den neuen Pfarrer, worin er im Wesentlichen aussprach, dass man an die hiesige Gemeinde um der besonderen Verhältnisse willen hohe Anforderungen in religiöser Hinsicht nicht stellen dürfe, sondern mit einem niedereren Stande als sonst sich zufrieden geben müsse. Im Übrigen sprach er die Hoffnung aus, dass es dem neuen Pfarrer länger hier zu bleiben gefallen möchte als seinen Vorgängern, die in einer Reihe von Jahren nur kurzen Aufenthalt hier genommen hätten. Der Pfarrer erklärte in seiner Erwiderung: Sein Vorsatz und seine Hoffnung sei es, länger hier des Predigtamtes warten zu können als seine Vorgänger, betonte aber, dass es für die Birkenfelder keinen besonderen Weg zum Himmel gebe als der klar durch Gottes Wort für alle Menschen gleich vorgezeichnete: durch Buße und Glauben an Christus zur Seligkeit; daran änderten besondere Verhältnisse nichts; wenngleich diese letzteren einen Erklärungsgrund für den geringeren sittlichen Stand der Gemeinde abgeben, so doch noch keinen genügenden Entschuldigungsgrund. Die Vielgeschäftigkeit und der irdische Sinn lasse freilich ein tieferes Glaubensleben nicht aufkommen, aber gerade dagegen müsse eben ernstlich angekämpft werden.

Das Pfarrhaus fand der neue Pfarrer in dürftigstem Zustand vor. Nicht nur hingen die Tapeten fast allenthalben in Fetzen herunter, sondern alles war auch so mit Schmutz überzogen, dass es recht trübselig war, darin zu wohnen. Der untere Öhrn sah vor allem schrecklich aus. Überall lief durch die Mauer das Wasser herein, dass es oft ein wahrer See war, der Garten war fast eine Wüste, das Gartenhäuschen eine Ruine, die Bäume alle ganz elend, weil sie noch vom versengenden Kirchenbrand her zu leiden hatten; die Wohnzimmer hatten Fußböden, dass man fast den Fuß brach, so uneben und ausgelaufen, dabei so ästig, dass man im Wohnzimmer mehr als 70 Äste zählte, die hoch herausstanden; die einzelnen Bretter so klein, dass der Boden ein geradezu erbärmliches Aussehen hatte. Selbst der Fußboden des Besuchszimmers war kaum besser; daneben die Plafonds der Art, dass guter Rat teuer war, die Fenster aber so alt, so lotterig, dass man mit der Hand zwischen den Flügeln hinauskonnte, die Fensterscheiben so dünn wie Papier, fast durchaus blaugrau an Farbe und meist gesprungen; kein haltbarer Riegel, kaum ein unverfaulter Rahmen; die Türschlösser ganz zerrüttet und fast nicht mehr schließbar, die Langriemen mit einem erbärmlichen Anstrich. Dazu etwa 50 Mauslöcher in den Zimmern und alles voll von Mäusen, die einem am hellen Tag über die Füße, bei Nacht über das Gesicht sprangen. Der Herd in der Küche – wie die ganze Küche – bot den Anblick der Verwüstung. Am Herd war nicht nur der Wasserhahnen weggeschlagen, sondern auch die übrigen Teile so ruiniert, dass, als er hernach zum Verkauf kam, kein Mensch etwas geben wollte und er schließlich nur als altes Eisen fortging. Der Waschkessel hatte ein Loch, und zum Dach regnete es herein nach Herzenslust.

So ging dann Pfarrer Seeger, als das Frühjahr kam, zuerst an das Wohnlichmachen des Pfarrhauses. Wie der Vorgänger in diesem Hause wohnen konnte, war dem Nachfolger unerklärlich. Auf dem Rathause sagten die Gemeinderäte, Pfarrer Straub hätte sich nicht gerührt – und wenn ihm das Wasser ins Bett geregnet hätte. Dabei aber wusste Straub doch für seine alten Tapeten, die sehr verwüstet waren, und für anderes alte Gerümpel eine Rechnung von mehr als 20 M seinem Nachfolger vorzulegen, die derselbe des Friedens halber zum größten Teile bezahlte, so wenig sie auch berechtigt war. Mit dem Frühjahr 1879 wurde die Küche freundlicher gestaltet und ein schöner Herd für 100 M von der Gemeinde erstellt, dann wurde statt des gesprungenen Ofens im Studierzimmer (2. Stock) ein neuer, von innen heizbarer Ofen angeschafft und das alte, lange Ofenloch pensioniert, dann wurde das Dach ausgebessert und die Fenster repariert. Aber damit war man zunächst auf dem Rathause müde geworden. Im Jahr 1880 klopfte der Pfarrer, als das Frühjahr anbrach, wieder

an, und nun wurde das Wohnzimmer (samt dem anschließenden kleinen Zimmer) mit einem anständigen Fußboden
versehen und die Langriemen sämtlich neu und solid sowie
geschmackvoll angestrichen. Der Pfarrer selbst hatte neu
tapezieren lassen. Damit ging das Jahr 1880 herum, denn auf
dem Land geht's halt langsam!

Das Jahr **1881** bracht neue Aufgaben. Der Öhrn und der
demselben außen parallel laufende Kandel samt der Vergip-
sung der westlichen Außenwand waren in einem schlimmen
Zustand. Es wurde deshalb nach langen vergeblichen und
energischen Bitten der Öhrn höher gelegt (in seinem hinteren
Teil) und eine Reihe der schlechtesten Platten entfernt; ferner
wurde der Kandel teils höher gelegt, teils neu gemacht und die
ganze westliche Wand neu vergipst. Dabei zeigte sich, dass die
Balken dieser Wand sehr bedenklich faul sind. Pfarrer Seeger
aber ließ die Plafonds der Zimmer abkratzen und neu her-
richten, das Schlafzimmer ganz neu anstreichen und die
Fußböden vom Schlaf- und Besuchszimmer nach der Aus-
besserung und Zurüstung anstreichen. An den Ausgaben
leistete die Gemeinde einen Beitrag, der freilich gering war, so
dass auf den Pfarrer noch gegen 80 M liegen blieben. Inzwischen wandte sich der Pfarrer auch dem Garten zu, ließ die
Bäume pfropfen oder putzen in gründlichem Verfahren, das
Rebgelände, das am Ersterben war, erneuern, den Garten ganz
neu (NB: Die vielen Steine im Hof wurden mit anderen
herausgegraben) und rationell anlegen (letzteres durch den
tüchtigsten Gärtner Pforzheims: Gärtner Koch), den Zaun
wegreißen, ein Gartenhaus hineinbauen, Stachelbeer- und
Träubleinstöcke, die sehr selten vertreten waren, setzen und
insbesondere Rosenstöcke (vorhanden waren bis dahin nur 3
sage 3), 25 an der Zahl einpflanzen – der Garten zusammen
kostete über 100 M (das Gartenhaus 48 M). Nun war alles in

einem Zustand, dass es einer Pfarrerwohnung gleichsah, wenn man den Maßstab nicht zu hoch ansetzte.

Zur gleichen Zeit musste der Zustand der hiesigen Schule die Aufmerksamkeit des Pfarrers aufs eifrigste in Anspruch nehmen, nicht bloß wegen der großen Zuchtlosigkeit, die eingerissen war, wovon die Ortsschulratsprotokolle des Amtsvorgängers Straub, die obigen Schilderungen desselben und die von ihm her überlieferten, von ihm ständig in seinen Predigten angewandten Redensarten „wie der leidige zuchtlose Stand der Schuljugend zeigt" Kenntnis geben, sondern auch wegen des schlechten Standes im Wissen und Können der Kinder. Lehrer Müller, so ehrenwert sonst seine Persönlichkeit ist, hat die Art, stets unmethodische Fragen zu stellen, und weiß die Kinder, deren Zahl freilich bis dato sehr groß ist, nicht in gehöriger Zucht und Aufmerksamkeit zu erhalten, so dass sie viel sich selbst leben und tun, was ihnen behagt. Diese große Schülerzahl müsste vor allem geteilt werden nach dem Grundsatz „Divide et impera", und da sich die Zahl der Schüler vom Jahr 1878 auf 1879 von 237 auf 278 Kinder steigerte, so dass ein Lehrer 147 Kinder hatte, und der andere 129; so musste unter allen Umständen Entlastung durch Errichtung einer weiteren Lehrerstelle eintreten. Dieses wurde dann an Martini 1879 bewerkstelligt.

Kurz vorher hatte sich der 2. Lehrer nach Gaisburg bei Stuttgart fortgemeldet und an seine Stelle trat der sehr tüchtige Schullehrer Berstecher, der an der Volksschule in Ludwigsburg bis dahin angestellt war und nach 2½-jähriger sehr ersprießlicher Wirksamkeit im Jahr 1882 wieder dorthin als Schullehrer versetzt wurde. Dessen Strenge und Energie erregte unter den wehleidigen Müttern viel Unzufriedenheit, richtete aber die Mittelklasse trotz ihrer großen Schülerzahl (bis 128 Kinder) und Abteilungsunterricht so zu, dass sie neben jeder Schule des Landes sich sehen lassen dürfte. Die Folge war, dass auch Herr Müller einen neuen Aufschwung nahm, und der Lehrergehilfe wurde gezwungen, nicht zurückzubleiben. Dabei war Herr Berstecher ein sehr angenehmer, mit den feineren Umgangsformen wohlvertrauter Lehrer, zugleich sehr fleißiger Kirchgänger, ein gezogener Familienvater, überhaupt eine lobenswerte Persönlichkeit. Zwischen Lehrer und Ortsschulinspektor und den Lehrern untereinander war das beste Einvernehmen.

Um die sittlichen und religiösen Zuständen der Gemeinde verschaffte sich der Geistliche dadurch Kenntnis, das er von Haus zu Haus jedermann der Reihe nach besuchte, sich nach der Leute Verdienst und Lebensführung erkundigte (Denunziation anderer aber verbat er sich und sollte in einem Pfarrhaus nie zugelassen werden; wenn einer über einen anderen etwas Ehrenrühriges sage will, soll er ihn mitbringen), nach ihren Erbauungsbüchern und Hausgottesdienst fragte und dergleichen mehr. Am Bußtag wurden dann die Orts-Sünden ernstlich besprochen. Ein Erfolg scheint so schon nach 3-jähriger Wirksamkeit erreicht zu sein, nämlich dass die Brandstiftungen fast aufgehört haben.

Ein Brand kam noch vor am 22. April 1880, wobei es darauf abgesehen war, dass der Heubuckel abbrennen sollte. Das Feuer wurde in Wagner Wessinger Scheune am Feuersee gelegt und verzehrte diese samt dem größten Teil von Rufs Haus, den Löwen samt Scheuer und Stall. Die Absicht war dank der Anstrengung der Feuerwehr nicht erreicht worden, nämlich den ganzen Heubuckel wegzubrennen. Die Fortsetzung sollte folgen im Herbst 1880, wo Adam Schroth, Bruder des Zimmermanns Schroth, von der Frau Regelmann zur gewöhnlichen Zeit der Brandlegung, nämlich nachts zwischen 10 und 11 Uhr, im Stall ertappt wurde. Er hatte noch nicht angezündet, sondern war erst in der Vorbereitung seiner bösen Tat begriffen. Die Frau wollte nach ihrer kranken Kuh sehen und zündete ihm mit der Laterne ins Gesicht, sprang zum Stall hinaus und schrie um Hilfe. Inzwischen drückte der Bösewicht den leicht angefertigten Bretterverschlag am Stall hinaus und ging durch. Der Missetäter wurde vor Gericht gezogen, musste unbefugtes Betreten fremder Gelasse zugeben, wurde auch dafür mit ein paar Wochen bestraft, leugnete aber weitere Absichten und, da er noch keine weiteren Anstalten zum Anzünden gemacht hatte, konnte ihm auch nichts Weiteres nachgewiesen werden. Doch tat die Sache gut; es kam keine weitere derartige Brandstiftung vor und der Verdächtige fand es für ratsam, im März 1882 mit mehreren anderen ähnlichen Gutedeln nach Amerika auszuwandern. Überhaupt hatte das Jahr 1881 und 1882 insofern sein Gutes, als da die Gemeinde von ca. 10 derartigen Gutedeln befreit wurde, welche zwar zum Teil ihre Familie (Frau und Kinder) der Gemeinde zur Versorgung zurückließen und selbst entwichen, aber durch ihre Entfernung trotzdem Gutes bewirkt haben. Es wurde ihnen kaum eine Träne nachgeweint.

Noch ist zu erwähnen, dass an Pfingsten 1880 eine Kleinkinderpflege hier ins Leben trat. Nach mühevollen Verhandlungen mit den bürgerlichen Kollegien wurde beschlossen, eine solche auf Kosten der Gemeinde einzurichten. Auf die Opferwilligkeit der Einzelnen wollte man die Sache nicht gründen, da diese zu wenig erprobt war. Die Zentralleitung gab zur Ersteinrichtung 80 M und für das erste Jahr 50 M, welchen Beitrag sie bisher jedes Jahr erneuerte, die Königin Olga zur Ersteinrichtung 100 M und in jedem folgenden Jahr 30 M, außerdem bekam man noch von der Prinzessin Maria 30 M. Somit war es für die Gemeindekasse nicht mehr schwer, die Sache zu übernehmen. Das Lokal war bisher das 4.

(sitzmöblierte) Schullokal und die Pflegerin Genkinger wurde in dem Hause des Metzgers Stumpp um einen jährlichen Mietpreis von 50 M untergebracht. Die Kinderpflege hat an dieser Pflegerin eine tüchtige Mutter. Besucht wird die Pflege stets von ca. 80-90 Kindern. Das Schulgeld beträgt im Jahr pro Kind 2 M 60 Pf, ärmeren Kindern wird dasselbe erlassen, wenn das Pfarramt an die Gemeindekasse den Antrag hierzu stellt. Weihnachten feiert die Pflege in feierlicher Weise in der Kirche durch Austeilung von zuvor (wenigstens in Geld) von den Eltern ersammelten Gaben. Von einer Jahrfeier aber ist abgesehen worden, wenigstens bis jetzt. Statuten für diese Pflege, von Pf. Seeger verfasst, vom Kgl. Oberamt genehmigt, liegen gedruckt vor.

Die Missionssache hat nach und nach auch eine bessere Förderung erfahren, insofern die Geldbeiträge im Jahr 1882 im Ganzen bis auf 120 M gestiegen sind, dagegen sind die sonstigen Opfer, obwohl im Steigen begriffen, doch noch nicht auf zufriedenstellender Höhe.

Pfarrer Seeger hat als Neuigkeit hier seit seinem Amtsantritt liturgische Gottesdienste eingeführt, welche an Advent, Weihnachten, Sylvesterabend, Palmfest, Konfirmation (mit den Konfirmanden morgens), Karfreitag und Osterfest mittags gehalten werden und sich steigender, im Vergleich zu den sonstigen Gottesdiensten ganz außerordentlicher Teilnahme erfreuen. Man sieht hier vielfach die Kirche fast ganz gefüllt. Die Kinder der Mittel- und Oberklasse bilden den Chor. Diese Gottesdienste wurden von Jahr zu Jahr reicher gestaltet, je mehr die Lehrer die Singkraft und -kunst der Schüler gesteigert hatten. Herr Lehrer Berstecher hat sich in dieser Beziehung durch seine ausgezeichneten Leistungen wesentliche Verdienste erworben. Auch Lehrer Müller leistete nach und nach Anerkennungswertes. Auch der Gesangverein beteiligte sich je und je bei diesen Gottesdiensten durch eine Pièce.

Ebenso wurden die Wochengottesdienste gesamt den Bußtags- und zur Zeit auch Feiertagsgottesdienste in der Weise verändert, dass sie zur Zeit auf den Abend vertagt und in der Schule gehalten wurden .Während des Winters wird dienstag-abends von 7-8 Uhr eine Bibelstunde in der Schule gehalten, die Kinderlehre am Sonntag findet ebenfalls in der Schule (aber morgens) statt, die Bußtagsgottesdienste werden immer auf den Freitagabend verlegt (sommers 8-9 Uhr abends), ebenso die Abendmahlsvorbereitungspredigten; solche werden auch am Sonntag von 8-9 Uhr für die Goldschmiede gehalten, jedoch nur zweimal im Jahr. Dagegen wurde die bisherige Sitte, bei jedem Abendmahl statt der eigentlichen Predigt nur eine Beichtliturgie in der Sakristei vorzulesen, abgeschafft, weil die Goldschmiede dabei nicht die Sammlung und den Ernst zeigten, der zur Beichte nötig ist, wenn der Geistliche sie mit gutem Gewissen soll abhaken können. Ohne dass die Predigt vorhergeht, ist aber der nötige heilige Sinn nicht gepflanzt.

Auch die Feiertagspredigt wurde dann auf den Abend verlegt, wenn die Jahreszeit morgens zu wenig Zuhörer erwarten ließ. Durch diese Verlegung wurde erreicht, dass statt 40 über 100 Zuhörer gewonnen werden konnten. Auch im Sommer wird eine (gekürzte) Bibelstunde Dienstag Abends 8-½9 Uhr resp. im Hochsommer ½9-9 Uhr abgehalten, welche gleichfalls ordentliche Beteiligung erlangt hat. Hauptsache ist dabei, dass man sie möglichst wenig ausfallen lässt, damit die Leute im Zuge bleiben.

Die Kinderlehre wird, besonders seitdem alle 4 Jahrgänge von mir selbst im Konfirmandenunterricht unterrichtet wurden, von den Knaben wie von den Mädchen fast ganz regelmäßig besucht. Eine Zeitlang, als die Zahl der Knaben besonders groß war und das Betragen der Älteren unbefriedigend, hatte ich die Knaben in 2 Scharen getrennt unterrichtet, damit die Neukonfirmierten nicht die Untugenden der Älteren absehen und nachahmen. Nunmehr sind wieder alle Knaben beieinander und stehen wie die Mädchen alle 14 Tage wieder. Diese Untugenden bestanden, wie Pf. Seeger ankam, in einem ganz auffallend unanständigen Hinstehen, Schwatzen, Nichtmitbringen der Kinderlehre, sehr unregelmäßigen Besuch, in einem ganz störrischem Benehmen und dergl. Der Geistliche lief sofort nach der Kinderlehre jedem fehlenden Pflichtigen ins Haus und scheute sich nicht, jeden Sonntagmittag von Haus zu Haus zu laufen, bis sie endlich sich dem Besuch bequemten. Als Grundsatz bei seinen Besserungsbemühungen hatte der Geistliche festgehalten und wird immer mehr festhalten, dass Freundlichkeit (gepaart mit dem nötigen ruhigen Ernst) am weitesten führt, während Strenge und Heftigkeit nur noch finsterer macht.

In den Armenunterstützungen habe ich die Weichheit meines Vorgängers nicht, besonders seitdem ich gefunden, dass die in meinem ersten Jahr auf Kosten meines Privatbeutels von mir geübte Güte die Leute nur anspruchsvoller gemacht hat. Bei meinen Hausbesuchen fand ich zudem, dass diese sogenannten vielen armen Leute gar nicht so arm leben, wie sie einem vorschwatzen, sondern sich Ausgaben erlauben, die der Pfarrer selbst um der Armut willen sich nicht erlaubte. Dagegen fand er, dass die Mittleren und Wohlhabenderen geringer (hier) leben als die sogenannten Armen. Deshalb stimmte er auch vielfach den Abweisungen von Armengesuchen auf dem Rathaus zu, wo er sonst zur Barmherzigkeit ermahnt hätte. Die Begründung der Abweisung, die auf dem Rathaus beliebt wurde, konnte er freilich dabei oft nicht billigen. Es konnte bei diesen Abweisungen oft die Wahrnehmung gemacht werden, dass dieselben Armen, die vorher stets von mangelnder Arbeitsgelegenheit redeten, dann auf einmal Arbeit und Verdienst fanden. Der Ruf der neuesten Zeit in dieser Richtung, „Landgraf werde hart", hat sich hier als probat bewährt. Die Leute, die unter meinem Vorgänger nicht schaffen konnten, lernen es jetzt wieder. Daneben hat dann Pf. Seeger alle Gebrechlichen in Anstalten besorgt, für die Waisen und konfirmierten Knaben wie Mädchen Lehrstellen und Magdsdienste aufgesucht, wo sich irgend eines überreden ließ. Kinder gab er womöglich in besseren Gemeinden in Kost. Diese Armenfürsorge macht hier viel Mühe.

Dass die Kranken den Geistlichen ihre Krankheit mitteilen ließen, wurde dadurch erreicht, dass er in der Leichenpredigt es beklagte, wenn es nicht geschehen war. So wusste der Geistliche stets, wer krank ist. Auf dem Krankenbett wurden die Birkenfelder auffallend weich. Auf diesem Weg wurde mancher wieder für Kirchenbesuch gewonnen.

Der Verdienst der Goldschmiede war im Jahr 1879 und 1880 nicht bloß schlecht, sondern oft unterbrochen durch mangelnde Arbeit; von da an wurde es besser.

Die Frucht geriet jedes Jahr ganz ordentlich, ebenso das Heu, nur 1881 war daran etwas Mangel; dagegen hatten die Obstbäume stets sehr wenig von 1879 bis 1882, und noch schlimmer stand es in den Weinbergen. Das Wenige, was am Weinstock hing, war jedes Jahr sauer; im Herbst 1880 konnte man es gar nicht, im Herbst 1881 kaum trinken. Die Kartoffeln gerieten aber stets ordentlich.

Die Geschichte der Jahre 1882 bis 1897, wo Pf. Seeger am 10. Mai nach Zuffenhausen befördert wurde, hätte derselbe gerne noch geschrieben. Aber die Arbeit wuchs mehr und mehr so an, dass er zu solchen freien Arbeiten keine Zeit mehr fand. Es galt im bisherigen Schulhaus eine 4-klassige Schule einzurichten, da die Schülerzahl bis 350 wuchs und dann ein neues Schulhaus (von 1888 an) zu bauen, das Martini 1890 bezogen wurde. Ich brachte es nach vielen Mühen dahin, dass das alte Schulhaus zum Rathaus gemacht und ein neues, zweckentsprechendes Schulhaus gebaut wurde. Es kam allerdings auf c. 85000 M. Die Bibelstunde und Wochengottesdienste wurden auch dahin verlegt. Da dort abends der Wind meist scharf weht, besonders im Winter, ließen sich allerdings viele abhalten, doch blieb der Kirchenbesuch in der Zunahme begriffen, auch als die alten Leute mehr und mehr ausstarben. Allerdings hat die starke Zunahme der weltlichen Vereine ihm oft Konkurrenz besonders im Mai und Juni gemacht, aber die Heizbarmachung der Kirche im Jahr 1893/94 hat im Winter den Besuch wieder gefördert.

Zugleich wurde auf Betreiben des Pfarrers, der mit seinen Zuschriften bis zum Ministerium drang, auch die Wasserleitung durchgesetzt, wodurch in den Haushaltungen Zeit gewonnen wurde, besonders an den Sonntagen. Die Wassernot war bei der Zunahme der Bevölkerung, die auf 1800 Seelen gestiegen war, zu groß geworden, doch wollte man nicht daran, da die Schulden vom Schulhausbau drückten. Die Folgezeit hat aber gezeigt, dass die Einnahmen des Waldes ohne Erhöhung des Ortsschadens[60] die Schulden decken. Jetzt ist jedermann froh. Allerdings kostete der Widerstand dagegen die alten Gemeinderäte den Sitz auf dem Rathaus. Schultheiß Wagner ging auch vorher fort; er wurde Oberamtspfleger in Neuenbürg, starb aber schon ½ Jahr nachher.

---

60 Eine Ortssteuer.

Pfarrhaus

Im Jahr 1891 ging infolge der neuen Kirchengesetze die bisherige Stiftungspflege ein und die Kirchenpflege begann[61], der die Kirche mit Kirchhof als Besitz zufiel, während für das Pfarrhaus die bürgerliche Gemeinde baupflichtig blieb. Im Sommer 1983 wurde das Pfarrhaus mit einem neuen Zimmer vis à vis Studierzimmer bedacht und vieles sonst im Haus verbessert.

Die Zahl der Goldschmiede und Polisseusen nahm in den 80er und 90er Jahren Hand in Hand mit der starken Entwicklung Pforzheims bedeutend zu, damit aber auch die Aufgaben des Pfarramts zur sittlich-religiösen Heranbildung der Jugend. Die Gefahren und Versuchungen nahmen mächtig zu, der Goldschmiedsgeist suchte immer mehr Boden.

---

[61] Vorher gehörte die Kirche der bürgerlichen Gemeinde.

Im Sommer 1895 wurde die Fortbildungsschule eingeführt, welche montags von 4-6 Uhr in 40 Stunden während des
Sommers gehalten wird, und nebenher geht die Sonntagsschule
in 40 Stunden.

Seit 1891 ist Imm. Holzschuh, Verwaltungsaktuar, Schultheiß hier; mit der Einweihung des neuen Schulhauses kamen
auch neue Lehrer: Göhner und Pfander und Hägner. Möge
mein Nachfolger, der keine schweren Bausachen mehr zu lösen
hat, keine „Schul- und Wasserstürme" aushalten muss, sondern
ruhig und still arbeiten kann, unermüdlich an die einzelnen
Seelen herangehen. Er findet es gewiss nicht so, wie ich's beim
Amtsantritt gefunden, dass bei seiner Investitur eine Handvoll
Leute sich einstellt, während die andern nicht der Naseweis
treibt, weil die Kirche keine Stimme mehr hat; es ist jetzt so,
dass jeder Wort und Tat des Pfarrers schätzt und dass trotz aller
Weltinteressen doch die Kirche wieder im Dorf steht.

Der Herr aber, der die Herzen öffnet, möge Seinem Wort
die Herzen immer mehr öffnen, dass es Frucht schaffe für Zeit
und Ewigkeit. Das walte Gott!

Birkenfeld, im Wonnemonat Mai 1897   Pfarrer Seeger.

1897/98 (letzter Eintrag)

Von Mai bis Dezember 1897 war Ed. Knapp Pfarrverweser hier. In die Zeit seiner Amtsführung fiel in den
Herbstmonaten eine Typhusepidemie, die zeitweilig einen
ziemlichen Umfang annahm. Zur Pflege der Kranken wird auf
die Zeit von vier Wochen eine Diakonisse von Stuttgart er-
beten. Im Dezember und Januar erlosch die Epidemie. Nachdem Pfarrverweser Knapp am 29. Dezember als Repetent nach
Tübingen versetzt worden war, wurde am selben Tag sein

Nachfolger als Pfarrverweser Otto Elwert. In die Zeit seiner Amtsführung fiel, dem Gedanken nach von seinem Vorgänger schon angeregt, die Gründung eines Diakonissenvereins. Die Gründung des Vereins erfolgte im März, der Eintritt der ersten Diakonissin am 10. Oktober 1898.

Im Lauf des Jahres 1898 fand eine gründliche Restaurierung des Pfarrhauses statt. Abbruch des Hintergebäudes, Verlegung der Waschküche ins Haus, teilweise Erneuerung der hinteren Hauswand, Erneuerung der Stiegen und des Aborts sowie Höherlegung des unteren Öhrns, Belegung des oberen Öhrns mit Brettern, Erneuerung von vier Stubenböden etc.

Auch hinsichtlich der Schulorganisation traten kleinere Änderungen ein. In der II. und III. Klasse wurde wegen zunehmender Schülerzahl auf Antrag der Lehrer die Zahl der wöchentlichen Schulstunden mit Genehmigung des Königlichen Konsistoriums auf 36 erhöht. Der Unterricht in der Fortbildungsschule wurde ganz auf den Werktag verlegt, so dass künftig das ganze Jahr hindurch jeden Montagnachmittag zwei Stunden erteilt werden.

Nachruf für Pfarrer Seeger

im Namen der Gemeinde Birkenfeld gesprochen von
Pfarrer Breitweg (Birkenfeld)

Werte Trauerversammlung!

Unter denen, die dem teuren Entschlafenen noch ein Wort des Dankes und der Verehrung nachrufen möchten, ist auch die Gemeinde Birkenfeld. Nahezu 20 Jahre hat der Entschlafene dort gelebt und gewirkt. Er hat die Entwicklung Birkenfelds vom einfachen Bauernort zu einer stattlichen Arbeitergemeinde vor den Toren der Goldschmiedestadt Pforzheim mitgemacht. Mit Geist und Kraft hat er das Evangelium gepredigt, mit Freundlichkeit und Ernst als Seelsorger gewirkt. Große Verdienste erwarb er sich um das Schulwesen, um die Armenfürsorge und um sanitäre Einrichtungen. Den Kranken war er ein treuer Freund. Er hatte die besondere Gabe, Krankheiten zu erkennen und verstand es, den Kranken an Leib und Seele gute Dienste zu leisten. Kein Wunder, dass heute noch sein Name in Birkenfeld einen guten Klang hat, und viele Gemeindeglieder mit besonderer Dankbarkeit seiner gedenken. Als letzten Gruß sendet die Gemeinde vom Schwarzwaldrand diesen Kranz aus frischem Tannenreis. Die Erinnerung an die gesegnete Wirksamkeit des Entschlafenen wird in der Gemeinde weitergrünen. Und wenn ich als einer seiner Amtsnachfolger in Birkenfeld, hier an seinem Grabe diesen Kranz niederlege, so tue ich es in der Glaubenszuversicht, dass der Herr, dessen treuer Diener er war, ihm droben den unvergänglichen Kranz darreicht, die Krone des ewigen Lebens.

Leichenzug für Pfarrer Seeger am 18.10.1917

Grab des Ehepaars Seeger

165

Kügelin – Sohn einer großen Birkenfelder Familie

Einführung

Am 1. September 1559 starb in Freiburg der Theologieprofessor Dr. Martin Kügelin. Mehrfach bezeugt ist, dass Martin Kügelin aus Birkenfeld an der Enz stammte. Er selbst formulierte es in seinem Anstellungsvertrag bei der Universität Freiburg so: „*Martinus Kügelin ex Birkenfeld, pago juxta Pforzen oppidum sito*" (aus Birkenfeld, einem bei der Stadt Pforzheim gelegenen Flecken).[62] Sein Geburtsdatum bleibt jedoch bis heute unbekannt. Kirchenbücher existierten zu diesem Zeitpunkt in Birkenfeld noch nicht. Erst Herzog Christoph führte 1558 in Württemberg das Kirchenregister ein, und das älteste erhaltene Birkenfelder Kirchenbuch verzeichnet den ersten Eintrag aus dem Jahr 1636.

Das erste exakte Datum, das wir aus dem Leben Martin Kügelins kennen, ist der 22. April 1520. An diesem Tag wurde er nach Absolvierung der Lateinschule Pforzheim in der Universität Tübingen immatrikuliert. Das Datum ist in den Matrikeln der Universität verzeichnet (75/34). Martin Kügelin könnte also um 1504/05 geboren sein. Die wichtigsten Lebensdaten nach seiner Immatrikulation sind bekannt und auch in der Birkenfelder „Ortsgeschichte" von Engelhardt

---

[62] Schreiber II, 280, Anmerkung. Die Immatrikulation zum Professor war dort jedoch so formuliert: „*Martinus Kügelin ex Birgfelden, Dioec. Spirens, Clericus. Artium Magister, ut asseruit. 15. April 1532*" (Martinus Kügelin aus Birkenfeld, Diözese Speyer. Geistlicher. Magister der freien Künste, wie er versichert hat. 15. April 1532).

nachzulesen. Seine Arbeit stützt sich auf die Hauptwerke Heinrich Schreibers.

Die vorliegende Darstellung zieht neben einer Reihe von Universitäts-Urkunden auch interessante Einzelwerke heran. Auf diese Weise wird versucht, über die bisher bekannten Daten hinaus mehr über das Leben und die Tätigkeiten Martin Kügelins zu finden und darzustellen. In einem ersten Schritt soll zunächst die Situation des Fleckens Birkenfeld zur Zeit von Martin Kügelins Geburt und Jugend beschrieben und die Familie Kügelin in Ort und Bürgerschaft, soweit möglich, eingeordnet werden.

Der Flecken Birkenfeld um 1500 und die Familie Kügelin

Birkenfeld, urkundlich zum ersten Mal 1302 belegt und seit 1322 allein württembergisch[63], war während Martins Jugendzeit ein bescheidener Flecken. 1471 zahlten 48 Bürger „Schatzung", eine Sondersteuer; wohlhabende Einwohner bezahlten 5 Prozent des Vermögens, sieben besaßen mehr als 200 Gulden. Die Bürger ohne Grundbesitz, auch sieben an der Zahl, mussten mindestens einen Gulden aufbringen. 1525 wurden 44 Häuser mit 40 Steuerpflichtigen gezählt und zur Türkensteuer von 1545 wurden 57 Bürger erfasst, dazu auch acht Mägde und Knechte. In jeder Steuerliste findet sich der Name Kügelin. Mehrmals erscheint er auch im Lagerbuch von

---

[63] Bis zu diesem Zeitpunkt gehörte das halbe Dorf zur Markgrafschaft Baden. Der Markgraf Rudolf hatte seine Hälfte um 100 Pfund Heller an den Grafen Eberhard von Württemberg verpfändet, aber seine Schulden nie zurückbezahlt; vgl. Vester, S. 48.

1527. Insgesamt war jedoch Birkenfeld zu der Zeit ein kleines, armes Bauerndorf.

Bernhart ist der erste namentlich bekannte Bürger der Familie Kügelin, einer Familie, die in der Gemeinde eine wichtige Rolle gespielt hat und im Mannesstamm vor 1748 in den Kirchenbüchern und in anderen Urkunden häufig zu finden ist. Schon 1471 erscheint der Name Bernhart in der „Schatzungsliste".[64] Er ist nicht der reichste Bürger, gehört jedoch mit 225 Gulden Vermögen an sechster Stelle zum Kreis der eher Wohlhabenden.

Beim nächsten erhaltenen Steuertermin zeigt sich auf der Herdstättenliste von 1525 [65] eine andere Situation. Bernhart Kügelin erscheint nicht mehr, dafür Anna Kügelin, die mit 70 Kreuzer die höchste Steuer bezahlt, somit das teuerste Haus besitzt, und Jeronimi Kügelin, der mit 20 Kreuzer in einem bescheidenen Mittelfeld liegt. Die Türkensteuerliste von 1545 nennt neben Jeronimus noch Hanns Kügelin und Tenger Kigele. Dass Anna Kügelin den wertvollsten Besitz hat, überrascht kaum, wenn man das Lagerbuch von 1527 [66] heranzieht. Von den bisher genannten Personen treten im Lagerbuch Jeronimus und mehrmals eine Anna als Grundstücksbesitzerin in Erscheinung, aber auch eine Kugel Anna oder Hannsen Kügelins Wittwe, „Trägerin (mit Hanns und den Miterben) des Kügelins Gut". Dreimal tritt Bechtold Kügelins Wittwe in Erscheinung.[67] Einmal erscheint eine Kugell Bertsch Wwe., zweimal ist eine Kugel Endlin bzw Engelin Kugelin[68] genannt.

---

[64] Ortsgeschichte, S. 381.

[65] Ortsgeschichte, S. 382 ff.

[66] Lagerbuch Bürckenveld, S. 243 bis 254.

[67] Bechtold Kingelin und Bechtold Kügelin vermutlich ein und dieselbe Person.

[68] Frage der Identität: vermutlich dieselbe Person.

Die Musterrolle der Landmiliz von 1523, die 36 Männer nicht nach Besteuerung, sondern nach einem Altersrahmen über 17 und unter 60 Jahren nennt, weist noch einen Jakob Kügelin nach.

Martin und die Familie

In welchem Verhältnis stehen nun diese Personen zueinander und wie ist Martin Kügelin, der hierbei nicht erscheint, zuzuordnen? Im Jahr 1525 lebte Bernhart offensichtlich nicht mehr. Er könnte Martins Vater gewesen sein. Wer war jedoch Anna Kügelin? War die Wittwe Hanns Kügelins identisch mit der Anna Kügelin der Herdstättenliste? War sie Martins Mutter? War Hanns ein Bruder Bernharts oder gar Bernhart selbst mit neuem Namen? Doch wer war Tenger Kigele, der 1545 die höchste Steuer entrichtet, aber weder vorher noch nachher genannt wird? Jeronimo, der als Jeronimus in der Türkensteuerliste erscheint und ab der Herdsteuer immer einen Platz hat, könnte ein Bruder Martins gewesen sein. Wer waren Bechtold, Bertsch und deren Wittwe, dazu Endlin bzw. Engelin? Außer den bisher Genannten findet man in der Musterrolle der Landmiliz von 1523 noch einen Jakob Kügelin, der jedoch weder bei der Herdsteuerliste noch im Lagerbuch genannt wird. Ganz gewiss waren alle Kügelins miteinander verwandt, nur in welcher Hierarchie scheint aufgrund eines fehlenden Kirchenbuchs dieser Zeit nicht auflösbar zu sein.

Interessant wird in einer Urkunde der Universität Freiburg, dort finden sich sieben Namen von Erben des Professors Martin Kügelin: 1. Ursula, 2. Anna, 3. Kathrina,

4. Hans, 5. Jakob, 6. Margarethe. 7. Ottilie.[69] Drei dieser Namen sind aus den oben genannten Unterlagen bekannt. An erster Stelle sei Anna genannt, deren Name dort häufig vorkommt. Dass die Erbin Anna Küglerin eine Schwester Martins war, geht aus der Urkunde von 24. Juni 1559 [70] eindeutig hervor: „Wendel Mesler von Britzingen bei Pforzhaym, als Eheweib Annae Küglerin [71], verkauft an die theologische Fakultät einen jährlichen Zins von 15 fl., die er von seinem Schwager, dem Dr. der heiligen Schrift und Ordinarius zu Friburg, Martin Kügelin vererbt [bekommen] hat, um 300 fl." Weiter kennen wir aus den Birkenfelder Urkunden den Erben Hans Kügelin (Lagerbuch, Türkensteuerliste, Musterrolle der Landmiliz 1583, Heiligenrechnung 1587) und den Erben Jakob Kügelin (Musterrolle der Landmiliz 1523); er – oder ein gleichnamiger? – hat Jörg Bechtold (Name bekannt aus dem Lagerbuch) als Vogt, d.h. als Vormund. Diese beiden männlichen Erben könnten mit den in den Birkenfelder Urkunden Genannten identisch sein – und dem Alter nach vielleicht auch Brüder Martins. Hans Kügelin war 1559 jedoch älter als Jakob.

Zu diesen drei Erben kommen vier weitere dazu: Kathrina, Frau des Jörg Morch (von Diettlingen), Margarethe, unverheiratet, auch mit Jörg Bechtold als Vogt. Am interessantesten für den Zusammenhang sind Ursula und Ottilie Küglerin. Die Erbin Ursula ist mit M. Paulus Windack („Ehewürtt") verheiratet (sicher: „Windeck, Johann Paul); dieser stammte aber

---

[69] Urkunde Universität Freiburg, Bestand A001, Nr. 0787 und 0788, auch Bestand A 104.
[70] Urkunden Nr. A 194, 183 und 203.
[71] In der Urkunde A 001,0787 vom 24.10.1959 lautet für Anna die Formulierung so: „Wendel Mesler von Bretzingen als Ehevogt der Anna Küglerin".

nicht aus Birkenfeld, er arbeitete in der Artistenfakultät der Universität und „ist mit einer Verwandten des Theologen Martin Kygelin" verheiratet (Ursula) [72]. Ottilie betreute ein gewisser Konrad Brendlin von Freiburg als Vogt. Ein Amtmann Konrad Brendlin von Balingen spielte im 15. Jahrhundert bei dem württembergischen Graf Ulrich V. eine gewisse Rolle; ein familiärer Zusammenhang mit dem Freiburger Konrad Brendlich erscheint möglich, ist aber nicht nachweisbar. Aber eines ist sicher: Ottilie [73] war in Martins Todesjahr noch unmündig und ledig, sonst hätte sie keinen Vogt zugeteilt bekommten; im Jahr 1567 war sie jedoch mit einem Freiburger verheiratet: „Jacob Sutor, Bürger zu Freiburg, und Ottilia Küglerin, seine Hausfrau 74, verkaufen die ehedem dem Prof. Martin Kügelin nach obiger Urkunde zugestandenen 200 fl. an Doctor Christoph Eliner. Original Pergament. Siegel abgerissen. Geben Montag nach dem Sonntag misericordia domini ab." 75

---

[72] Ein Paul Windeck wurde der Universität von Maximilian am 4.10.1604 für ein theologisches Extraordinariat empfohlen, so Schreiber, Universitätsgeschichte, II, 319. Seine Annahme als Nachfolger des berühmten Lorichius hebt sich von der Guillimanns oder Olzignanus dadurch ab, dass sein Vater Johann Paul, der mit einer Verwandten des Theologen Martin Kygelin verheiratet war, an der Artistenfakultät tätig gewesen war... Vgl. Horst Ruth, S. 107. Zu Johann Paul s. Ruth, S. 106.

[73] Zu Ottilia und Ursula siehe in dem Abschnitt „Haus und Haushalt" unten S. 203 f.

[74] Hausfrau: mittelhochdeutsch für Ehefrau.

[75] Urkunde von 1567 angehängt an eine inhaltlich verwandte, aber frühere Urkunde vom 24. März 1552: „Dekan und Regenten der Art. Fac. der Uts reversieren dem M. Kügelin, hl. Schrift Doctor und Ordinarius, über 200 fl., die er zu 2000 fl. zugeschossen hat, welche obige Facultät dem Hans Jacob Fugger von Kirchberg und Weißenhorn geliehen hat" (Urkunde A 104, 203).

171

Bedeutung der Familie in Birkenfeld

War nun Ottilie wie Anna eine Schwester Martins? Und die anderen „Küglerinnen"? Wir haben keine Nachweise. Aber eines ist deutlich geworden. Martin Kügelin stammt aus einer Familie, die eine bedeutende Stellung in Birkenfeld hatte. Es folgten im Lauf von drei Jahrhunderten regelmäßig Kügelins als „Heiligenpfleger" und „Armenkastenpfleger" (heute: Kirchenpfleger), als Gemeinderäte, Richter und Schultheißen. 1607 zahlen zehn Kügelins Steuer. Der Anwalt Samuel Kügelin unterschreibt für die Gemeinde einen Vergleich zwischen Engelsbrand und Birkenfeld. Den Vertrag von 1671 mit dem Ziegler Regelmann unterschreiben Schultheiß Hans Kügelin und „Gerichtsverwandter" (Gemeinderat) Daniel Kügelin. Der letzte Eintrag „Kügelin" steht im Familienbuch (Nr. 1424): Johann Michael, Sohn Daniels und Catharina Zachmans, geb. 18.10.1646, gest. 28.08.1692 (an der Ruhr), verheiratet 30.11.1682 mit Veronica Kiesslich. Von deren sechs Kindern sterben nach der Liste drei Jungen, ein vierter Junge und zwei Mädchen tauchen nicht mehr auf. In der Bürgerliste von 1748 erscheint der Name Kügelin auch nicht, nicht einmal in abgewandelter Form.

Für heutige Verhältnisse auffällig war die unterschiedliche Schreibung des Namens, der in Birkenfeld wahrscheinlich „Kiegele" ausgesprochen wurde. In den hiesigen Urkunden finden sich neben Kügelin: Kügellin, Kigele, Kingelin, Kugel und Kugell. Unterschiedliche Schreibweise findet sich auch in den Urkunden, die sich mit Studium und Beruf Martin Kügelins befassen. In dem Sammelwerk „Reportorium Academicum Germanicum" stehen unter dem Titel „Martin Kugelin" folgende Formen: Kugele, Kigelin, Kygelin, Kyigelin, Kügelin und Orbilius. Die Herkunft und die Bedeutung von Orbilius werden (S. 182 f.) erläutert. An der Ursprungsstelle in den Matrikeln finden sich neben Martin und Martinus sogar Martini und Marini, ein echter und ein verschriebener Genitiv.

Der Lebenslauf Martin Kügelins

Studium und Lehrtätigkeit in Tübingen

Der Besuch der Lateinschule Pforzheim wurde schon oben benannt, ebenso der Tag der Immatrikulation in der Universität Tübingen. Der Text in den Matrikeln, dem Verzeichnis der immatrikulierten Studenten, lautet beim Jahrgang 1520: *„30. Martinus Kugelin de Birchenfelt (22. April)."* Ursprünglich stand *„Kirchenfel"* da; der Fehler wurde korrigiert zu *„Birchenfelt"*; darüber steht dann *„Birckenfelt."*

Auch in den Matrikeln der Universität Freiburg sind Kügelins Tübinger Daten aufgezeichnet. Für den 22. April 1520 findet sich dort ein merkwürdiger Eintrag Nr. 12: *„Martinus Kigelin ex Birgveld"*: der Fehler wurde korrigiert. Darüber *„Birckenfeld"* und als Anmerkung: *„Genauer: von Büchenbronn (A. Pforzheim, Baden)"*, bei Birkenfeld dagegen *„(OA Neuenbürg, Württ., Kugelin)."* So auch Hermelink II, S. 212; „Martin Kügelin ist gebürtig aus Büchenbronn, das zwischen Birkenfeld und Pforzheim liegt: meistens gibt er einen dieser beiden größeren Orte als Heimat an." Das scheint jedoch eine irreführende Verwechslung zu sein, denn in nachweisbaren Urkunden bezieht sich Kügelin selbst immer auf Birkenfeld.

Die nächsten wichtigen Daten des Tübinger Studiumgangs folgen in der Nummer 75/34 der Matrikeln, zunächst Bacca-

173

laureus [modern: Bachelor]: *„B.a. 19. Sept. 21. MFABacc* [Matrikel der Artes-Fakultät Baccalaureus[76]]; *ex Pfortzheim"*; ist von anderer Hand ergänzend dazugeschrieben: *„ex Birckenfelt"*. Der *Baccelaureus artium* war die Voraussetzung für die Fortsetzung des Studiums, qualifizierte aber auch, Anfänger in Sprache und Philosophie zu unterrichten.

Der nächste Schritt war der *Magister artium*. In den Tübinger Matrikeln steht *„Ma. Juli 28. "*, in den Freiburger liest man dagegen *„mgr [magister] Juli 1523"* – fünf Jahre, ein großer Unterschied, doch könnte bei Juli 1528 eine falsche Lesung der Originalschrift vorliegen. Für das frühere Datum spricht, dass Kügelin schon 1525 als Collegiatus[77] in das Kollegium der Magister aufgenommen wurde, dass er den frühen Erwerb auch öfter bestätigt und 1528 eine weitere Promotion erworben hat. Mit dem Magistergrad und der Aufnahme als *„collegiatus"* rückte Kügelin in den Rang eines Dozenten auf, der die Anfänger voll unterrichten konnte. Er wurde auch Vorstand einer der beiden Bursen, und zwar der sog. „Realisten" *(Bursarum alterius Realium cognominatae)*. Im Sommerhalbjahr 1529 amtierte er als Rektor der Universität und 1529/30 als Dekan der Artistenfakultät. Sein weiteres Studium in Bibelkunde *(in bibliam)* und Philosophie *(in sententias)* führten zu zwei weiteren Promotionen, zu dem *baccalaureus biblicus* am 3. April 1528 und dem *baccalaureus sententiarius* am 4. Juli 1531.

---

[76] Artes liberales – das waren ursprünglich die sieben Fächer der römischen Hochschule. Der Name „Artes" bezeichnet in den Universitäten um 1500 die geisteswissenschaftliche Fakultät als Voraussetzung für weiteres Studium in den Fakultäten der Theologie, der Rechtswissenschaft und der Medizin.

[77] Hier liegt in den Tübinger Matrikeln ein weiterer Fehler vor: *„collegiatus 1625!"*

1531 ist das Jahr des Wechsels nach Freiburg. Zunächst soll jedoch geschildert werden, welche Begebenheiten aus seiner Tübinger Zeit noch greifbar sind. Es sind allerdings wenige.

An mehreren Stellen findet sich der Hinweis, dass Kügelin anderen Theologen geraten hat, Luthers Bibelübersetzung heranzuziehen, so zum Beispiel in einem Register von Martin Luthers gesamten deutschen Schriften: „An Johannem Mendlinum, einem Mönch zu Bebenhausen, hat Martinus Kigelin, Dr. Theologiae und Prof. zu Freiberg [!] geschrieben, dass Lutheri Translation der Bibel aus dem Ebreischen und Griechischen in das Teutsche nicht zu verwerffen wäre, weil es viele Sachen mit kurzen Worten also erkläret, dass anderer Leute viele Blätter nicht mehr thun könnten." [78]. An einer anderen Stelle hat Schott (Seite 138) den Sachverhalt gleich dargestellt, aber mit einem wichtigen Datum: „Dr. Martin Kigelin, Professor der Theologie in Freiburg, gab im Jahr 1528 einem Mönch zu Babenhausen namens Johannes Mendlin den Rath: wenn er die Bibel, namentlich das A.T. Recht wolle verstehen lernen, solle er fleißig D. Luthers teutsche Version lesen, denn vieles habe Luther teutsch in kurzen Wörtern so trefflich erkläret, wie es sonst auf anderen vielen Blättern nicht zu finden wäre, vorzüglich in den Mosaischen Schriften. Diesen Luther hätten bisher viele allenthalben gern gebraucht und gelehrte und fromme Leute hätten daraus Nutzen geschöpft. Aber desto heftiger würde Luthers teutsche Bibelübersetzung von den echten Papisten geschmähet und

---

[78] Register über Martini Lutheri gesampte teutsche Schriften von Johannes Christophorus Sagittarius, 1664, 4. Kapitel, auch an mehreren anderen Stellen (z.B. Index: Menschen und Orte, Seite 629) und Heinrich August Schotts Geschichte der deutschen Bibelübersetzung D. Martin Luthers.

verfolgt." [79] In unserem Zusammenhang erscheint es wichtig, dass dieser Rat Kügelins noch in seine Tübinger Zeit fällt, er also in den Jahren des reformatorischen Aufbruchs großen Wert auf Luthers Bibelübersetzung bezeugt (vgl. S. 175 f.) An keinem Beleg wurde gefunden, er habe als Professor in Freiburg diese Einschätzung wieder verworfen (oder war das jetzt für einen katholischen Theologieprofessor selbstverständlich?).

Gut bekannt sind die Ereignisse während des Rektorats von Johannes Kingsatter (18. Oktober 1530-18. Oktober 1531): Wieder einmal wütete im Herbst die Pest, und die Lehrtätigkeit in der Universität musste eingestellt werden. Der Rektor berichtet in seiner in lateinischer Sprache geschriebenen Autobiographie darüber, die hier in Ausschnitten übersetzt oder wiedergegeben ist [80]. Die Burse der Realisten zog sich nach Blaubeuren zurück *(Plaubeuren)* und die der Nominalisten nach Neuenbürg (*Novo Castro*). Kingsatter: „Danach verließ die Universität wegen der Gefahren einer Epidemie oder der Pest Tübingen. Die Burse der Antiken oder Realisten nahm Unterkunft in Blaubeuren, die Burse der Modernen oder Nominalisten in Novo Castro, d.h. Neuenbürg. Aber die Doktoren und andere, die nicht gehalten waren, bei einer Burse zu bleiben, liefen in alle Richtungen auseinander. Ich floh mit meinen sieben Kindern, die ich bei mir hielt, und der übrigen Familie nach Ofterdingen, wo wir vom letzten Tag im Oktober des genannten Jahres bis zum 13. Mai, dem Tag des St. Victor,

---

[79] Als in Tübingen um 1535 die Reformation eingeführt wurde, trat dieser Johannes Mendlin mit anderen Mönchen aus dem Kloster aus und immatrikulierte sich in der Universität. Dort machte er seinen Magister, brachte es zum Professor und unterrichtete Logik und Dialektik.
[80] Kingsattler, Autobiographie, Seite 37/38.

im Jahr 1531, wohnten. Mein Rektorat dauerte noch bis zur nächsten Wahl am 18. Oktober des Jahres."

Wer blieb nun bei den Bursen? Das waren die jeweiligen Magister, welche die Bursen leiteten: Martin Kügelin aus Birkenfeld und Johannes Stürmlin aus Bietigheim. Man könnte annehmen, dass der Birkenfelder nach Neuenbürg und der Vaihinger nach Blaubeuren beordert wurde. Es war umgekehrt, Kügelin gehörte zu den Realisten, und die gingen nach Blaubeuren. Dass Kügelin zu der Zeit die Burse der Realisten leitete, weiß man aus seiner Bewerbung desselben Jahres für das Ordinariat in Freiburg: *„hoc tempore Bursarum alterius Tubingens, Universitatis, Realiums cognominatae conductus Officialis et Rector"* (zu dieser Zeit der offizielle Leiter und Rektor der einen Burse der Tübinger Universität, die den Beinamen Realisten trug).[81]

Eine zweite Bestätigung findet sich in den Matrikeln unmittelbar nach dem Bericht über die Pest: *„Et tunc a festo s. Luce a. salutis restauratae 1530* [82] *intutilati sunt sequentes usque ad festum S. Luce 1531:1. Georgius Pictor ex Ehingen ludimagister in Plaubeuren ibidem intitulatus est per Mag. Kügelin (25. Okt.)."* (Damals wurden von dem Fest St. Luce im Jahr der Wiederherstellung der Gesundheit 1530 bis zum Fest St. Luce 1531 die Folgenden immatrikuliert: 1. Georg Pictor aus Ehingen, Schulmeister in Blaubeuren, wurde durch Magister Kügelin am 25. Oktober immatrikuliert.) [83] Damit ist die Position Kügelins in Tübingen zu einer Zeit geklärt, in der er schon an Höheres dachte. Es folgten noch drei Immatri-

---

81 Schreiber IL, 280, Anmerkung.

82 Im Original kann man 1580 lesen: entweder eine Verschreibung oder doch falsch gedeutet; nur 1530 gibt einen Sinn.

83 Full Matrices, S. 267/8 als Anmerkungen zu Rektor Kingstetter.

kulationen im Herbst 1530 in Neuenbürg durch Magister Johannes Stürmlin: Jacobus Schwindelin aus Tübingen, 25. Oktober, Johann Epp aus Neuenbürg 26. Oktober, Christoph Wertheim aus Pforzheim *(Phorcensis)*, 1. Dezember und 1531 bis zur Rückkehr nach Tübingen im Mai in Blaubeuren durch Kügelin: Herr Pfarrer Jodokus Fink aus Geuckingen (18. März) und Melchior Eret aus Heilbronn, Heinrich Giltz aus Dietlingen 15. April.[84]

Die Bewerbung in Freiburg

1531 bewarb sich Martin Kügelin um eine Theologie-professur in Freiburg. Wie war es dazu gekommen? Die dortige theologische Fakultät hatte zwei Professuren; diese waren aber nicht immer besetzt. Brisgoicus hatte die eine Professur schon seit 1511 inne, die zweite betreute bis 1531 Dr. Johannes Wägelin aus Aich. Als Dr. Wägelin starb, bemühte sich die Universität um einen zweiten Gelehrten für die freie Professur. So fragte sie auch bei dem heute noch bekannten Humanisten Erasmus an, als er von Basel nach Freiburg kam und einige Jahre in der Stadt blieb (1529-1535); er konnte sich nicht entscheiden, lehnte letztlich ab und ging wieder nach Basel zurück. Ottmar Nachtigall, genannt Luscinius, hätte man gern gehabt, einen vielfach gebildeten Gelehrten. Der König Ferdinand setzte sich sogar mit einem längeren Brief für ihn ein (15. Mai 1525): *„Ottmarum nostri contemplatione commendatum habeatis; illum cunctis competitoribus anteferendo"* (Ottmar sollt ihr nach unserer Überlegung empfohlen bekommen, da wir ihn allen anderen Bewerbern vorziehen) – und möglicherweise hatte dieser Versuch der Beeinflussung

---

[84] Die Matrikeln, Forts. S. 267.

gerade das Gegenteil zur Folge. Luscinius wurde nicht Professor an der Universität, sondern Münsterprediger und blieb es mit geringem Einkommen bis zu seinem Tod.[85] „Die Universität sollte wohl bald darauf für die schnöde Ablehnung büßen, denn sie war nicht imstande, einen namhaften Theologen aufzutreiben, so dass sie endlich mit einem ziemlich „obskuren Tübinger Baccalaureus, Martin Kügelin aus Tübingen, kontrahierte, der nach dem Tode des Brisgoicus – *miserabile dictu* – in seiner Person die ganze theologische Fakultät vereinigte. Gerne übergehen wir diese armseligen Verhältnisse – noch armseliger durch die Gehaltlosigkeit seiner unsittlichen Nachfolger" – wo das ,Elslein' eine Hauptrolle übernahm" (vgl. Anm. 27). So oder ähnlich gab es einige Kommentare.[86]

Im Detail: Als Dr. Wägelin im Juli 1531 starb und die zweite Professur verwaist war, schrieb die Universität die Stelle aus. Die Nachricht kam natürlich auch an die Nachbar-Universität Tübingen und löste dort bei Kügelin etwas aus. So erscheint im Freiburger Senats-Protokoll vom 11. Oktober 1531 die folgende Notiz: „Der Herr Rektor trug vor, ein Baccalaureus von Theologie aus Tübingen, namens Kügelin, sei hierher gekommen und bittet, eine Probevorlesung zur Bewerbung für das Ordinariat halten zu dürfen. Es wurde beschlossen, er solle dem Senat vorgestellt werden."

Was dann geschah, berichtet August Engelhardt in einer Zusammenfassung (S. 135): „Er [Kügelin] verlangt aber 100 Gulden wie ein ordentlicher Professor, während ihm, da er noch nicht Dr. theol. ist, nur 80 Gulden zustanden. Da man auf

---

[85] Schreiber II. S. 278 ff.

[86] Österr. Vierteljahresschrift für kath. Theologie Bd. 1, S. 172, Wien 1821 (Autor Schreiber)

seine Forderung nicht gleich einging, verließ er Freiburg nach zwei Tagen wieder, ohne die verlangte Probevorlesung zu halten."

Dass es bei diesen Verhandlungen nicht sehr freundlich zuging, zeigt eine Protokoll-Notiz der Universität, die im lateinischen Original abgedruckt ist und die hier in Übersetzung vorgestellt wird: „Dieser trat mit pfauenhaftem Auftreten vor die Senatoren, machte mit seiner wallenden Bekleidung einen Mordslärm und fing an, wie nach Art der Titularbischöfe recht gehässig und mit großem Dünkel sich zu beschweren: Als er gestern schon fertig war, von hier zu gehen, auf die Reise gerüstet, da sei er vom Leiter der Burse und dem Syndicus beschuldigt worden, er habe noch zwei Gulden zu bezahlen, die er der Universität schulde; er bestreite aber, etwas schuldig zu sein, und er könne sich nicht genug wundern, mit welcher Dreistigkeit die Universität wage, dieses Geld von ihm zu verlangen."

Er sollte eine Replik erhalten, die sich seinem Tonfall anglich, eine genügende und mehr als freundliche Antwort aus dem Mund des Vizerektoren: „Die Senatoren hätten gehört, mit welchem Feuer er eine für sie unbedeutende Sache getadelt hat. Er sollte doch einmal die Dankbarkeit berechnen, und zwar recht kräftig, dass er dies alles, was er erhalten hat, billigerweise der Universität zuschreiben muss, die ihn aus dem Dreck herausgeholt hat, die den Armen mit vielen Ehrungen und Wohltaten beschenkt hat. Schließlich wurde ihm die nicht eingehaltene Vereinbarung von der Parochie Freiburg vorgehalten, weshalb jene zwei geschuldeten Gulden zu Recht gefordert würden, usw. usw."[87] Es ist zu vermuten, dass er während seines Aufenthalts in Freiburg in der Burse

---

[87] Eigene Übersetzung nach Schreiber II, Anm. S. 279.

übernachtete und die Universität dafür zwei Gulden verlangte, wohl auch verärgert, weil er die Probevorlesung nicht gehalten hatte.

Martin Kügelin ging ohne Vertrag weg, und die Universität konnte sich von neuem auf die Suche nach einem Ordinarius machen. Als diese ohne Erfolg blieb, schickte man einen mit Vollmacht ausgestatteter Abgeordneten nach Tübingen, und jetzt einigte man sich. Der Vertrag mit Kügelin kam am 13. Dezember 1531 zustande – mit dem geforderten Gehalt von 100 Gulden und mit einigen Bedingungen für den Beginn des Dienstes und die Aufgaben eines Ordinarius. Er selbst bezeichnete sich im Vertrag so: *„Martinus Kügelin ex Birkenfeld, pago juxta Pforzen oppigum sito, hoc tempore Bursarum alterius Tubingensis Univeristatis, Realium cognominatae, conductus Officialis et Rector"* (... aus Birkenfeld, einem bei der Stadt Pforzheim gelegenen Flecken, zur Zeit offizieller Vorstand der Realistenburse der Tübinger Universität, und Rektor).

Professor in Freiburg als Secundarius

Am 15. April 1532 wurde er in der Freiburger Universität als zweiter Ordinarius (*Secundarius*) immatrikuliert: *„Martinus Kügelin ex Birgfelden Dioec. Spirens, Clericus, Artium Magister, ut asseruit"* (aus Birkenfeld, Diözese Speyer, Priester, Magister artium, wie er versichert hat). Am 19. April (nach Ruth) oder 23. April (nach II S. 280) wird er in die Pflicht genommen. Ruth berichtet jedoch, dass Kügelin schon zum Jahreswechsel 1931/32 in das Haus der Artistenfakultät eingezogen sei, welcher er als Theologieprofessor jedoch nicht angehören würde. Ruth ist sich nicht sicher, in welcher

Funktion er sich für die Übergangszeit bis zum 15. April, dem Beginn des Sommersemesters, betätigt hat.

Gelegentlich erscheint in den Urkunden neben dem Namen Kügelin der Zweitname Orbilius. Es ist bekannt, dass Gelehrte oder Dichter in der Zeit des Humanismus ihren Namen gern latinisierten oder gar wie Reuchlin (Kapnion) und Schwarzerd (Melanchthon) gräzisierten. Der oben benannte Ottmar Nachtigall nannte sich Luscinius; luscinia bedeutet auf Deutsch Nachtigall. Offensichtlich hatte sich Kügelin den Namen Orbilius gegeben, der sich dann aber nicht recht durchsetzte. Warum gerade Orbilius? Das lateinische Wort, das in der Verkleinerung Orbilius steckt, ist *orbis* (Kreis), bekannt durch *orbis terrarum* (Erdkreis). Die Vorstellung von Kreis zu Kugel stellt sich leicht ein, und Orbilius ist dann die kleine Kugel, das Kügelein. Etwas Interessantes kommt hinzu: Orbilius ist ein Name, den ein bekannter römischer Grammatiker und Lehrer trug: Horaz, der zu diesem Lehrer in die Schule ging, hat ihn in seinen Episteln (2,1, 70 f.) als einen strengen Lehrer verewigt: *„memini quae plagosum mihi parvo Orbilium dictare"* (Ich erinnere mich, was Orbilius mir als kleinem Burschen unter Schlägen eingetrichtert hat). Dachte Kügelin, der ja auch Lateiner und Lehrer war, an den Orbilius als Vorbild? Diese Vermutung kann man nicht ganz ausschließen.

Ab 15. April 1532 fungierte nun Martin Kügelin als zweiter theologischer Ordinarius. Diese Phase dauerte bis zum Tod des Primarius Brisgoicus am 31. Oktober 1539. Als Ordinarius hatte Kügelin neben anderen Pflichten eine Hauptvorlesung zu halten; dieser Aufgabe war der Vormittag vorbehalten. Der neue Mann wurde auch gleich zu den Verwaltungsaufgaben herangezogen, zu denen ein Professor verpflichtet war. In der Fakultät wurde er im Februar 1532

Mitglied des Rates, wohl Beirat des Rektors, im April des gleichen Jahres übernahm er das Dekanat. Dieses konnten neben den Professoren auch andere Mitglieder der Fakultät wahrnehmen, z.B. Baccalauri, die schon unterrichteten. Als Sekundarprofessor hatte Kügelin dieses Amt ab Sommersemester (SS) 1533, 1534, 1535, WS 1536, SS und WS 1538 inne, nach dem Tod von Brisgoicus fast in jedem Semester. Consiliar war er von 1533 bis 1559.

Ähnlich verliefen die Verpflichtungen bei den Universitätsämtern. Das Rektorat hatte er in Freiburg während seiner ganzen Dienstzeit 13-mal inne: viermal als Secundarius, neunmal als Primarius. Es war ein Wahlamt, das in der Regel für ein Semester galt, unterlag aber zwei Bedingungen: Der Rektor musste ein Kleriker sein, aber nicht unbedingt ein Ordinarius. Im Gegensatz zu den Klerikern durfte der Ordinarius nicht verheiratet sein. So fungierte zum Beispiel Kügelins Nachfolger Jakob Immenhaber aus Rottweil elfmal als Rektor, musste aber einmal seine Haushälterin entlassen und ein anderes Mal sein letztes Rektorat aufgeben, als seine Base Else, die bei ihm gewohnt hatte, ein Kind zur Welt brachte.[88]

Neben dem Rektorat nahm Kügelin weitere Universitätsämter ein, auch schon als Secundarius: *Assessor*

---

[88] Schreiber II, 289., prot. Univ. 4. März 1566: „Da D. Jacob Immenhaber zwei Jungfrauen geschwächt und mit der einen, so ihm nahe verwandt, Incestum begangen, auch etliche Mal das Iurament [schriftliche Aufforderung] nit gehalten, so kann man ihn in Universitate [in der Universitätsverwaltung] nit mehr gedulden. Deshalb soll er des Rektorats entsetzt, auch weiter in consilio Universitatis [Senat] nit sein. Von der Lektur und andrer Straf will man zu andrer Zeit handeln …" Am 7. März wird ihm gekündigt: „dass er seine Lection [Vorlesung] in Theologie nur noch bis künftige Georgie [1. April] versehen soll …"

consistorii, Consiliar, Quaternarius (einer der vier Rechner). Vieles war in der ersten Hälfte des 16. Jahrhunderts im Fluss: Zahl, Funktion und Dauer der Ämter, die Wahlen. Bei Kügelin lag die besondere Situation vor, dass er als Primarius bis zu seinem Tod alleiniger Ordinarius war. Darauf wird noch im Detail einzugehen sein.

Martin Kügelin war also seit einigen Jahren als Secundarius tätig, erhielt das ansehnliche Gehalt von 100 Gulden. Was dann passierte, beschreibt Schreiber II auf Seite 280/81: „Kaum waren jedoch ein paar Jahre vergangen, so machte er schon dem Senat die Eröffnung: man habe ihm brieflich eine fette Stelle angetragen und er bitte um Rath, wie es sich hierbei zu verhalten habe. Die Väter schickten seinen Kollegen Brisgoicus an ihn mit der Antwort, sie besorgten nicht, dass er, der mit so großen Kosten hierher berufen worden, sobald wieder abgehen werde. Ihm dieses raten könnten sie nicht, da es (bei dem hohen Alter des theologischen Primarius) zum Nachteil der Universität sei, dem sie möglichst vorbeugen müssten. Auch seine Besoldung könnten sie noch nicht erhöhen, da er schon die größte in der Fakultät habe; sie wollen jedoch bei der ersten Gelegenheit durch eine Kirchenpfründe oder in anderer Weise darauf Bedacht nehmen." Seine Besoldung erhöhte der Senat zunächst nicht, doch um 1536 erhielt Kügelin die Drei-königs-pfründe im Münster, nur wenige Tage vor dem Tode des Brisgoicus, am 14.9.1538 erhielt er einen Zuschlag um 20 Gulden, darin 10 Gulden aus einer Stiftung.

Als einziger Ordinarius

Am 1. November 1539 starb Brisgoicus. So begann Martin Kügelin im folgenden Jahr die zweite Phase seiner Lehrtätigkeit in Freiburg. Das Haus des Vorgängers in der Merianstraße „Zur großen und kleinen Pfeffer" Teil 11, das zur Fakultät gehörte, kaufte Kügelin um 160 Gulden. Er war jetzt der einzige Ordinarius an der Theologischen Fakultät – und blieb es auch bis zu seinem Tod im Jahr 1559. Die Hauptlesart über diesen Vorgang lautet so: „Um selbst mehr zu verdienen, verhinderte Kügelin, dass ein zweiter Ordinarius eingestellt wurde.". Schreiber II, 281 formuliert es so: „Als vollends nicht lange nachher Brisgoicus starb, vereinige Kügelin in seiner Person die ganze theologische Fakultät ..." Andere kritisieren den Sachverhalt, etwa Hermelink II, S. 212 so und in ähnlicher Formulierung:[89] „Martin Kügelin hat in Freiburg jahrelang in höchst eigentümlicher Professorenherrschsucht die theologische Fakultät tyrannisiert und einfach niemand zum Doktor promoviert, um keinen Rivalen neben sich aufkommen zu lassen. Er übte seit dessen Tod (1539) allein das Lehramt aus, eifrig darauf bedacht, das Einkommen aus seiner fetten Pfründe zu mehren und niemand neben sich aufkommen zu lassen. Jahrelang bestand die theologische Fakultät allein aus ihm (*Dr. Martinus tunc solus facultatem repraesentabat*), und er weigerte sich, ungeachtet aller Mahnungen der Senatsmitglieder, eine Doktorpromotion vorzunehmen, so dass die Kandidaten auf die erledigte Professur mit Einwilligung der Senatsmehrheit auswärts (in Ingolstadt bzw. in Padua) die Doktorwürde holen mussten."

Bewerbungen für die zweite Professur

Wie sah nun die Wirklichkeit aus? Hätte man zugreifen können? Manchmal wohl schon. Die Universität hatte jedoch

---

[89] Vgl. oben Anm. 25.

wie schon um 1530 für das Ausfallen des Primarius nicht vorgesorgt. So übernahm Kügelin auch die zweite Hauptvorlesung. Es gingen aber durchaus Bewerbungen für die vakante Stelle ein. Zunächst soll sich ein „namenloser" Würzburger gemeldet haben, auch Ambrosius Pelargus bewarb sich um die Stelle. Dieser, ein Dominikaner, deutlich älter als Kügelin, war jedoch am gleichen Tag wie Kügelin in Freiburg promoviert worden; er hatte schon zahlreiche Streitschriften gegen die Reformation verfasst, sich einen guten Ruf als Theologe erworben und lehrte an der Universität Trier. Freiburg lehnte Pelargius jedoch ab. Eine eindeutige Begründung für die Ablehnung eines „alten" Freiburgers scheint sich nicht zu finden, außer einem Hinweis auf drohende Pest, doch könnte man sich nach den verschiedenen negativen Beurteilungen Kügelins vorstellen, dass dieser, jetzt zum Primarius aufgerückt, vielleicht nicht gern so schnell einen bekannten Theologen neben sich haben wollte.[90] Statt eines solchen stellte die Universität Martin Stainlin als Aushilfskraft ein, einen Pfarrer aus Schaffhausen, der auch schon publizistisch hervorgetreten war.[91] Er starb schon im nächsten Jahr, bevor er hätte aufsteigen und vielleicht promoviert werden können. Weiterhin beworben hatte sich Dr. Gallus Müller. Er war in Tübingen von 1516 bis 1533 als Pfarrer und Professor tätig, in sechs Semestern als Rektor, davon eines unmittelbar nach Kügelin im Wintersemester 1529/30, zum letzten Mal im Wintersemester 1532/33. Um diese Zeit wurde in Tübingen schon heftig um Luther gestritten, und als strenger Verfechter des katholischen

---

[90] Ruth, S. 98, Anm. 758.

[91] Zwingli, Werk 20, S. 684: „Da sprachen etliche zu Meister Martin Stainlin, Lütpriester von Schaffhausen, ob der dawider welte, do sagte er, nein, er wüsste nichts dawider."

Glaubens gab Müller nach der Rückkehr von Herzog Ulrich 1934 in Tübingen auf und wurde 1535 Hofprediger in Innsbruck und Pfarrer von Tyrol-Meran (bis 1546). Auch er wurde abgelehnt; Kügelin, der ihn ja von Tübingen bestens kannte, wurde im Senat aufgefordert, ihm zu schreiben und civiliter abzusagen.[92] Mit beiden Bewerbern traf sich Kügelin noch gegen Ende des Jahres 1540 beim Religionsgespräch in Worms (dazu siehe Seite 192).

Auf der Besoldungsliste des Secundarius stehen erst ab 1548 adäquate Besoldungen. Promotionen zum Dr. Theol. hätten Abhilfe bringen können, doch es scheint, dass Kügelin wenig Bereitschaft zeigte, aus den Studenten, die zum Teil um 52 Gulden Besoldung als Dozenten mithalfen, sich einen Professorenkollegen zu gewinnen. Nach Bauer sei er vom Senat deshalb auch gerügt worden und man habe ihm vorgeworfen, dass er „aus finanziellem Interesse [sprich: Geldgier] die Promotionen verzögere".[93] Man kann dieser Bewertung in der Tat nicht leicht widersprechen, jedoch wird immerhin 1546 und 1547 ein Betrag von 60 bzw. 80 Gulden für einen zweiten Secundarius ausbezahlt. Ruth erwähnt Aushilfen. Ab dem Jahr 1548 wird bis 1558 jährlich das Gehalt eines Secundarius bezahlt, 1558 sind es 201 Gulden. Wie war es acht Jahre nach der „Alleinherrschaft" zur Einstellung eines Secundarius gekommen? Valentin Fabri wird in dem Register „Die Professoren und Räte der Theologischen Fakultät Freiburg von 1460-1620" (Startseite) als Ordinarius (oder Extraordinarius) von 1544-1549 bezeichnet. Mitglied der Universität war Fabri schon seit 1536 und hat außer dem bis 1547 fehlenden Dr. theol. hier die anderen theologischen

---

[92] Ruth, S. 93, Anm. 721: *„civiliter eius petitionem abnegare."*
[93] Ruth, S. 65, Anm. 480.

Examina gemacht: Magister, Baccalaureus biblicus, sententarius. 1549 wechselte er auf „Befehl" des Königs Ferdinand vom 12. Januar nach Konstanz, um dort zu helfen, die Ketzerei vollends „auszureuten". Schon am 17. desselben Monats begann er sein Amt dort „anfänglich gelind, allmählig geschärfter in Bezug auf die kirchlichen Gebote".[94]

Wer konnte jetzt einspringen? Christoph Eliner bot sich an. Er hatte sich 1538 in Freiburg immatrikuliert und von 1543 bis 1553 seine Promotionen erworben; Magister, Baccalaureus biblicus, sententarius, formatus, schließlich den Dr. Theol. in Padua. Er wird von 1551 bis 1561 als Secundarius geführt und bis 1575 als Primarius. Ganz ähnlich wird Jakob Immenhaber, als Extraordinarius und Tertiarius von 1556-1559 und nach Kügelins Tod von 1561-1566 als Secundarius überliefert.[95]

Wenn man diese Bewerber alle betrachtet, könnte man vielleicht doch verstehen, dass Kügelin sich manchen nicht gern neben sich vorstellen wollte und dass vielleicht nicht alles Verhalten auf Geldgier zurückgeführt werden sollte. Man kann sich auch vorstellen, dass manche Kritik an Kügelin vielleicht Missgunst war[96]: Der Dorfjunge aus dem dürftigen und weit entfernten Birkenfeld, der eine solche Karriere machte, den König Ferdinand zu den Religionsgesprächen holte, der wegen seines Einsatzes für die Luthersche Bibelübersetzung immer

---

[94] Schreiber II, 283 ff., auch: Taschenbuch Geschichte und Altertum, Band 3, 1814.

[95] Ruth, S. 50: „Eine länger zurückreichende Affäre führte nach der Geburt eines Kindes 1566 zu Immenhabers Absetzung als Theologieprofessor." Etwas ausführlicher und auch mit Belegen aus den Universitätsprotokollen ist Schreiber II, 288 ff. In den Protokollen findet sich die Geschichte, wie Immenhaber die Polizei austrickste, so dass die polizeilich gesuchte „Mutter" über eine zweite Treppe entkommen konnte.

[96] (vgl. Seite 190)

wieder in irgendwelchen Schriften auftauchte, kritisiert und gelobt) – und das noch nach seinem Tod (s. Seite 190 f.).

Die Beurteilung Kügelins durch Zeitgenossen und Historiker

In den vorausgegangen Texten ist deutlich geworden, dass Kügelin bei manchen Zeitgenossen nicht sehr beliebt war und auch von manchen Historikern wenig positiv beschrieben wird. Einige kritische, fast verächtliche Formulierungen sind schon oben gefallen: „ein obskurer Baccalaurus, pfauenhaftes Auftreten, tyrannisiert in höchst eigentümlicher Alleinherrschaft die theologische Fakultät, wird erfolglos gemahnt, endlich einen der vorhandenen Theologen zu doktorieren." Seine Forderungen nach höherem Gehalt werden als Geldgier dargestellt; seine Gutachten gegen die Reformation, die er auch offensichtlich schrieb, „blieben ohne allzu große Wirkung"; die damaligen Theologen M. Kügelin, Iac. Immenhaber, Eliner waren „wissenschaftlich keine bedeutenden Leute" [97].

Es findet sich jedoch, wenn man forscht, auch eine ganze Reihe von positiven Beurteilungen seiner Tätigkeit. Vor allen Dingen in der Kirchenhierarchie und bei König Ferdinand scheint Kügelin einen guten Namen gehabt zu haben. Johann Fabri, Bischof von Wien, nannte ihn einen der treuesten Söhne der Kirche, sah in ihm ohne Tadel einen „scholastisch-humanistischen Theologen der *via realistarum*", vgl. S. 181) [98]. Cochläus (auch Cochlaeus), bekannter Humanist, Theologe und schärfster Gegner Luthers, der Kügelin bei den Wormser

---

[97] So Friedrich Schaub: Der Basler Domherr Franz von Apponex, Freiburger Diözesan-Archiv, Dritte Folge, erster Band, S. 97.
[98] Zeitschr. f. K.-Gesch. 1900, S. 89.

und Regensburger Religionsgesprächen kennengelernt hatte, schlug ihn 1546 neben anderen seit Worms Bekannten dem Kardinalbischof von Augsburg als Collocutor vor (wörtl. „Mit-Sprecher"), wohl Vertreter oder Beauftragter. Aus welchen Gründen dieser Wechsel nicht zustande kam, bleibt offen.

Auch wird ja an einigen Stellen ganz offensichtlich als Leistung anerkannt, dass Kügelin als Bürger eines kleinen Ortes auf dem Land so schnell Karriere gemacht hat: Dass dieser Hintergrund sehr wohl ein Thema sein konnte, zeigen Hinweise bei anderen Theologen, sie sollten sich ihrer einfachen Herkunft wegen nicht schämen und sich Kügelin als Vorbild nehmen. Dieser Gedanke wurde z.B. so formuliert: „dass Summenhart [wahrscheinlich aus Sommenhart] selbst seinem Namen stets ‚de Calw' beifügt, ist, wie das Beispiel Kügelins beweist, unnötig." Es gibt also keinen Grund auf die Herkunft aus einem kleinen Heimat-Dorf herabzuschauen und stattdessen die Kreisstadt zu nennen.

Es finden sich auch noch Urkunden von Studierenden, die Martin Kügelin ausgestellt hat, z.B. Ambos Mor, Kanoniker des Stifts Neumünster, ordnungsgemäßes Studium, zum 2.9.1545.

Auffällig oft sind Hinweise auf Kügelins lobende Beschreibung der Bibelübersetzung Luthers, die er 1528 dem Bebenhäuser Mönch Mendelin (s. Seite 175 f.) empfahl. Sie wird häufig genannt – gelobt oder von katholischer Seite, von sogenannten „Papisten" kritisiert. Ein Beispiel dafür ist die Auseinandersetzung zwischen dem katholischen Theologen Melchior Zanger und dem Juristen und Philologen Michael Beringer. Zanger, zeitweise Hofprediger bei Kaiser Maximilian II, von 1561 bis 1603 Propst in Ehingen, schrieb und veröffentlichte zahlreiche Reformationskritiken. Sein Hauptwerk ist das „Examen versionis Lutheri in Biblia", ein ausführlicher Versuch, die Bibelübersetzung Luthers als „gefährlich verfälscht und verkehrt", darzustellen, ja als schlimmes Vergehen an der „teutschen Sprache". Das Werk wurde zehn Jahre nach seinem Tod erst veröffentlicht.

Diesem Werk antwortete Beringer mit seiner Schrift: „Rettung der Teutschen Biblischen Dolmetschung Martin Luthers Wider die Offenbahre unverschampte Unwahrheit des Melchior Zanger" (1613). Beringer greift nun auf über 300 Seiten sehr differenziert „Melchior Zanger und alle an, denen die Bibelübersetzung Luthers nicht behagt." Schon früh bringt er einige allgemeine, aber wichtige Punkte vor: „Ich halte es aber für gewiss, dass nicht die Übersetzung der Bibel, sondern die biblischen Kommentare D. Luthers die Päpistischen Menschen und Lehrer in die Augen stechen, indem ein päpstlicher Scribent und Professor Theologiae bei der Hohen Schule zu Freiburg mit Namen Dr. Martin Kigelin, aus der Schul' geschwätzt hat." Der genannte Kigelin hatte ja in Anno 1528 an den weiland Johannes Mendelin, Professor bei der Hohen Schule zu Tübingen, damals noch Conventual im Kloster Bebenhausen, einen Sendbrief geschrieben (der oben wiedergegeben ist). Beringer führt ihn mit einer Vorrede ein, die sich mit dem lateinisch formulierten Satz zusammenfassen lässt: *„Non quod hominem ipse probem aut errata defendam, sed quod ab hoste, sicubi profit doceri fas esse putem ... .Certe multi maltum usi sunt hactenus et adiuti simul et pii."* (Nicht weil ich persönlich den Menschen loben oder Fehler verteidigen möchte, sondern weil ich annehmen möchte, dass es geboten sei, auch von einem Gegner zu lernen, wenn es nützlich und zugleich fromm wäre). Daraus folgt die Kritik an Zanger, „dass was Kigelin, welcher der Päpstischen Religion zugetan ist, rät, ganz anders lautet, als das falsche Geschrei

Melchior Zangers und seiner Konsorten" und sehr wohl auch dem Gegner eine Hilfe darstellen kann.

Die Religionsgespräche in Worms und Regensburg 1540/41 – 1545/46

Worms (5.11.1540–17.1.1541)

Auf dem Reichstag zu Augsburg 1530 versuchten die Protestanten und die Katholiken zu einer Verständigung im Religionsstreit zu kommen. Auf Melanchthons bekannter Confessio Augustana folgte die Confutatio (Widerlegung) durch die Theologen Fabri, Eck und Cochläus – und darauf der Versuch Melanchthons, die Widerlegung zu widerlegen (Apologie). In einzelnen Fragen (z.B. Abendmahl in beiderlei Gestalt, Priesterehe) kam man sich näher, alle anderen Punkte wurden zurückgestellt. Die Confessio Augustana galt jedoch Karl V. als widerlegt. Die politischen Kontroversen verschärften sich mit der Gründung des Schmalkaldischen Bundes. Ein erster Verständigungs-Versuch in Hagenau zehn Jahre nach Augsburg führte zum Wormser Religionsgespräch ab 5. November 1540.

An diesem Religionsgespräch nahm Martinus Kügelin teil. Über Teilnehmer und Verlauf des Gesprächs findet sich in lateinischer Sprache eine Reihe von Zusammenfassungen: *„De colloquio Wormatiensi inter Protestantes et Catholicos Theologos."* Die Aufzählung der katholischen Teilnehmer beginnt so: „Von Pabst wegen, kaiserlich, dann Fernandisch" und geht dann zu den Bistümern über. In der Ausgabe 1 sind folgende Namen aufgezählt, S. 72.:

Bischof zu Seckau (Bistum Graz-Seckau),

Fridericus Nausea (1534 Dr. theol. in Siena. 1524 Hofprediger bei Ferdinand I, 1538 Koadjutator von Johann Fabri, folgt ihm nach Wien, wird dort Priester und Bischof)

Martinus Kügelein (Doctor Friburgensis).

Johann Cochleus (1479-1552, dt. Humanist und Theologe. Universität Köln, 1518 Priester, Dechant Liebfrauenstift, dann Flucht in katholisches Gebiet, scharfer Gegner Luthers.

Zu diesen vier Legaten finden sich noch:
Dr. Johann Gropper, Dr. Eberhard Pillich, Gallus Miller.[99]

In der Ausgabe 2, die hauptsächlich in Latein geschrieben ist, liest man auf Seite 172 die gleiche Reihe, aber noch einmal als Epigramm – Martin Kügelin jetzt als Vierter: *Bischof von Seckau, Dr. Nausea, Dr. Martin Klügel (sic) von Frieperg (sic), Johan Cochleus.*

Jeder Genannte erhält eine kurze Charakterisierung, Kügelins Charakterisierung lautet so:

> *Martin Kügelin Friburgensis Theologus:*
> *Tu pro more scholas nobis, Martine, docendo*
> *Conserva et iuvenes instrue, docße (?) sacris.*
> *Credo mihi, patriae nusquam prodesse perinde*
> *Nec praetor Deo gratius ipse potes.*

---

[99] Drei von den hier Genannten finden sich auch in der neuen Ausgabe von Klaus Ganzer und Karl-Heinz Zur Mühlen, Adademie der Wissenschaften und der Literatur / Germany 15.2, Ausgewählte Texte Nr. 376: Dr. Friedrich Nausea, D Johann Cochleus (Theologen), Dr. Martin Kügelin.

(Martin Kügelin, Theologe aus Freiburg:

Du, Martinus, bewahre gemäß der Sitte durch dein Lehren uns im Heiligen und instruiere die Jugend darin.

Glaube mir, nirgendwo kannst selbst du dem Vaterland und ebenso Gott willkommener nützlich sein.)

Unter den Teilnehmern an dem Gespräch gab es Reden und Gegenreden. Eck antwortete auf Melanchthon und Melanchthon auf Eck.

Martin Bucer auf der evangelischen, Johannes Gropper auf der katholischen Seite erarbeiteten mehr im Hintergrund eine Zusammenstellung von wichtigen Themen, mit denen man sich einigermaßen zusammenfinden könnte, etwa Sünde und Rechtfertigung, Kirche, Sakramente, Rituale – kurz: sie schrieben das bekannte „Wormser Buch". Es sollte der Weiterführung im Regensburger Gespräch zugrunde gelegt werden.

Die interessante Frage samt Antwort, ob Kügelin mit Melanchthon, dem ehemaligen Pforzheimer Lateinschüler, ins Gespräch gekommen ist, begegnete mir nicht.

Regensburg (5.4.– 17.5.1541)

Ein weiterer Beleg für die Teilnahme Martin Kügelins beim anschließenden Religionsgespräch findet sich in einem interessanten, lateinisch geschriebenen Brief von Cochlaeus an Nausea vom 8. März 1541. Beide Theologen hatten regelmäßigen Briefverkehr. Der vorliegende Brief kann nur in den lesbaren Punkten wiedergegeben und übersetzt werden [100]:

---

[100] Die Quelle war vor Jahren ein Zufallsfund; jetzt gefunden: http://www.uni-mannheim.de/mateo/cera/nausea1/Nausea-epistolae.html.

IOANNES COCHLAEVS
REVERENDO IN
CHRIsto

Parti ac Domino,

Friderico Nauseae,
Coadiutori Viennen.
Rom. Regis
Consiliario et
Concionatori, etc.
Domino suo

S. P. D.

Reuerende in Christo
Pater ac

...... ut huc ueni die V.
Martij e Maguntia,
anxius de hospitio,
cucurri ad ueterem
communem amicum
nostrum D. Petrum N.
Decanum Ecclesiae S.
Ioannis, qui tuas mihi
literas exhibuit, in
quibus inter alia
patebat, tua ut, quae
mihi tradidisset affinis
meus Fran. Behem,
partim ad te mitterem,
partim hic retinerem. At

195

ille nihil mihi ad te dedit. Recepi autem in itinere literas ad te scriptas e Maguntia, et ex Herbipoli, quas nunc ad te per postam mitto. Caesar iam XIIII dies hic agit. Principes et Episcopi

nostri tardius aliquantulum, quam mihi decere uidetur, adueniunt. Non tamen diu aberunt, ut audio. Ex Protestantibus nullum adhuc uidi hic. Allocutus sum Reverendissimum D. Episcopum Secouiensem. is ait se scripsisse Regiae Maiestati, se et <u>D. Martinum Kügelin hic esse.</u>

Bene uale, amplissime Pater, uir clarissime. Ex Ratisbona, VIII. Martij. quo die ex pub. diuersorio in priuatum migraui hospitium. Anno, etc. XLI.

196

(Johannes Cochläeus
dem ehrwürdigen Herrn
Friedrich Nausea,
Coadiutor in Wien, in
Rom, des Königs
Berater und Mitarbeiter,
seinem Herrn einen
herzlichen Gruß.

Als ich am 5. März von
Mainz hierher kam, habe
ich, um Unterkunft
besorgt, Doktor Peter
N., Dekan der Kirche St
Johannes, aufgesucht,
einen alten Freund von
uns. Er zeigte mir deine
Briefe, in den unter
anderem ersichtlich war,

[......]

Aber er gab mir nichts für
Dich. Ich habe aber auf
der Reise Briefe für
Dich aus Mainz und
Würzburg bekommen,
die ich jetzt per Post an
Dich schicke.

Der Kaiser hält sich schon
14 Tage hier auf. Die
Fürsten und unsere
Bischöfe kommen

ziemlich spät und in nicht so großer Zahl, wie ich es für richtig hielt. Von den Protestanten habe ich bisher hier noch keinen gesehen. Ich habe den Hochwürdigen Bischof Dr. Seqouiensis [Seckau] gesprochen. Er sagt, er habe seiner königlichen Majestät geschrieben, dass er und Dr. Martin Kügelin hier seien.

Alles Gute, ehrwürdiger Vater, hochberühmter Mann.

Aus Regensburg, am 8. März, an dem Tag, an dem ich aus einem öffentlichen Aufenthalt in eine private Unterkunft umgezogen bin.

Anno 1541.

Das Gespräch fand in Regensburg statt, Kügelin war also anwesend. Man begann dann mit der Diskussion des Wormser Buchs, doch es spielte dessen Inhalt keine bedeutende Rolle.

Der Kaiser hatte die Diskutanten bestimmt: Martin Bucer, Johannes Calvin, Philipp Pistorius auf protestantischer, Eck, Johannes Gropper, von Pflug auf katholischer Seite. Contarini funktionierte als päpstlicher Berater. Man schien sich in manchem zu einigen, aber es blieb noch zu viel Strittiges. Im Ganzen ist das Regensburger Religionsgespräch gescheitert. Die Beteiligung Kügelins bei den folgenden Religionsgesprächen ging jedoch weiter.

Worms und Regensburg (15.12.1545 – 24.7.1546)

Zur Vorbereitung des Wormser Reichstags hatte im Oktober 1544 König Ferdinand von der Universität Freiburg erneut ein theologisches Gutachten verlangt, um dieses dem Reichstag vorlegen zu können. Kügelin übernahm die Aufgabe, musste jedoch aufgefordert werden, die Arbeit bis spätestens am 16.11.1544 zu vollenden. Kügelin antwortete am 19.12.1544 an den Senat; sie sollten den folgenden Text nach Ensisheim weiterreichen.[101] Die Notiz ist im Protokoll der Universität erhalten:

"Unversitas Dominis de Ensisheim scribat: Facultatem theologicam in conficiendo consilio laborare; et quia Dr. Martinus etiam ad Comitia peculiariter vocatus, possit Consilium per eum Principi praesentari. Fiat."

(Die Universität möge den Herren in Ensisheim schreiben: Die theologische Fakultät arbeitet an der Fertigstellung des Gutachtens. Da Dr. Martin auch

---

101 Anm. Schreiber II, 282. Ensisheim war Sitz der Habsburgischen Verwaltung im Elsass und am Rhein, auch Vorderösterreich benannt.

eine persönliche Einladung zur Versammlung hat, kann das Gutachten dem Princeps durch ihn überreicht werden. So geschehe es.)

Aufforderung und Antwort lassen darauf schließen, dass Kügelin auch an dieser Versammlung teilgenommen hat. Ob er in den einzelnen Versammlungen auch gesprochen hat, geht aus den hier vorliegenden Unterlagen nicht hervor. Es ist auch hier nicht zu erfahren, ob die beiden Schüler der Lateinschule Pforzheim, Melanchthon und Kügelin, sich bei diesen Treffen erkannt haben oder gar miteinander ins Gespräch gekommen sind. Schade.

Dass Martin Kügelin in seiner Zeit als Professor bei je zwei Religionsgesprächen teilgenommen hat, wenn auch nicht als jeweiliger Hauptredner, spricht doch gewiss für sein Ansehen in der katholischen Kirche und bei König Ferdinand.

Allerlei aus dem Alltag

Zum täglichen Allerlei gehören wichtige Dinge, wie ein Dach über dem Kopf, ausreichende Verpflegung und guten Umgang mit den Leuten – vor allem mit Nachbarn. Zu diesen Punkten finden sich nur einzelne Überlieferungen. Wir wissen, dass Kügelin nach dem Tode des Brisgoicus dessen Haus am 11. Juni 1540 um 160 Gulden in der Merianstraße gekauft hat. Neben ihm wohnte ein gewisser Heinrich Loriti Glareanus. Bei Schreiber erscheint Glareanus im Untertitel als „gekrönter Dichter, Philolog und Mathematiker aus dem 16. Jahrhundert" – dabei fehlen noch bei dieser Beschreibung „Historiker" und „Geograph", ganz besonders aber „Musiker". Kurzum: Glareanus war ein Universalgenie. In zweiter Ehe war er verheiratet und hatte fünf Stiefkinder. Nach 1529 lehrte er als Professor für Poetik in Freiburg. Er mietete zunächst ein Haus in der Merianstraße; er hatte dort neben seinen Kindern eine Reihe von Studenten um sich und unterrichtete sie auch in seiner Wohnung. Da gab es mit den Musikern mancherlei heftigen Lärm. Glareanus wurde oft gemahnt, sich mit seinen Besuchern an die universitären Vorschriften zu halten, etwa mit der Kleidung seiner Studenten, die sich nicht an die Vorschriften hielten. An einem Feiertag – damals in der Regel ein religiöser Tag – fand bei ihm im Haus eine Party mit Tanzen statt, so dass der Rektor sogar den Pedell hinschickte, der den Lärm unterbinden musste.

Neben Glareanus wohnte nun seit Juli 1540 Martin Kügelin. Er fühlte sich oft in seiner Arbeit von dem jungen Volk gestört und beklagte sich entsprechend beim Senat. Am 23. Dezember 1543 beschwerte sich Kügelin erneut wegen des unmäßigen Krachs im Hause Glareanus *(de immoderatis clamoribus Glareanistarum)*, bis schließlich vereinbart wurde: Die jungen Leute sollten ihre Zeit mit Arbeiten zubringen und sich nur zwei Stunden pro Tag – nach dem Frühstück und vor oder nach dem Essen – entspannen *(duos horas animum recreandi)*. In der übrigen Zeit sollten sie arbeiten *(reliquas horas consumant discipuli in bonis disciplinis)*. Ob sie sich daran hielten, bleibt offen. [102] Dass die Disziplin jedoch nicht allzu groß war, zeigt sich auch darin, dass ein Stiefsohn Glareans von der Universität verwiesen wurde.

Als der Lehrer, Künstler und Musiker schließlich am 7. Juli 1544 in ein gekauftes Haus umzog („in der alten Stadt, bei den Predigern, genannt zum Christoffel"), bekam Kügelin bestimmt mehr Ruhe für seine Arbeit.

---

[102] Heinrich Loritie Glaeanus, Anm. S. 82 ff. (nach Schreiber).

Überhaupt muss die Disziplin nicht allzu groß gewesen sein. Auch der Orbilius Martinus Kügelin litt einmal an anderer Stelle heftig darunter.[103] Mitte Januar 1546 beklagte er sich im Senat über einen frechen Adligen namens Caspar von Trient. Schon wie unwürdig gekleidet der gekommen sei, mit Federhut, kurzem Rock und der Hand an einem langen Degen – unglaublich! Und dann etwa so Caspars „Rede: „Er hätte Philosophie und Medizin hören wollen, doch mit keinem Lehrer, den er kenne, sei er einverstanden. Das Herummäkeln an der Adelskleidung finde er wie andere auch höchst ärgerlich. Nein, die Universität sei keines Adligen würdig!" Der Senat reagierte darauf nach einem Universitätsprotokoll so:

Decretum: re et corpore arrestetur et recta via in carcerem ducatur ob nefandam illam contumeliam Universitati illatam

(Beschlossen wurde: Wie es sich gehört, soll er persönlich verhaftet und wegen der unwürdigen Beschimpfung der Universität sofort in den Karzer gebracht werden).

Schreiber ist es wichtig, darauf hinzuweisen, dass solche Ausfälle von Studenten immer wieder vorkamen, und neben einer langen Reihe anderer Fälle bringt er an der Stelle noch vor, dass schon 1510 ein Rektor namens Johann Sutor von Zurzach mit „Kuhmaul" bedacht und an seinem Haus ein Schmähtext auf die Universität angeschlagen wurde; auch dort kam der Täter in den Karzer.

---

103 Schreiber II, 87, auch: Elke Liermann/Tina Braun: Feinde, Freunde ... Freiburger Universitätskultur...", S. 96.

Wichtige Aspekte eines vernünftigen Lebens sind **Haus und Haushalt**, damals eine schwierige Aufgabe für einen Professor der Theologie, da dieser ja nicht verheiratet sein durfte. Wenn er sich nicht außerordentlich geschickt anstellte, seinen Haushalt zu führen, – damals üblicherweise Aufgabe der Ehefrau, die er nicht haben durfte, überlassen, – gab es für einen Theologieprofessor nur einen Ausweg, eine Haushälterin einzustellen, am besten eine Verwandte, wie etwa Schwester oder Nichte oder noch besser Mutter. Dass dies jedoch ein Problem sein konnte, wurde an den Schwierigkeiten von Immenhaber und auch Eliner geradezu paradigmatisch vorgeführt (s. Seite 183 f.).

Bei Martin Kügelin lassen sich keine derartigen Beschwerden nachweisen, jedoch erfährt man bei ihm insgesamt nur wenig aus den zugänglichen Urkunden zu diesem Thema. Erst das Testament, dessen Inhalt in der Hauptsache bekannt ist (s.o. Seite 169 f.), könnte zu Vermutungen beitragen. Fünf der Erben, Anna, Kathrina, Margarethe, Hans und Jakob, wohnten in Birkenfeld und Umgebung, zwei Frauen dagegen, Ursula und Ottilia, in und um Freiburg. Ursula ist, als Martin stirbt, offensichtlich schon mit Paulus Windeck (ihr „Ehwürtt") verheiratet, Ottilie dagegen nicht; sie ist noch unmündig und erhält Konrad Brendlin als „Vogt" (Vormund), ist jedoch 1567 verheiratet, nicht mit ihrem Vormund, sondern mit Jakob Sutor, Bürger aus Freiburg. Dieser und „Ottilia Kügelin, seine „Hausfrau" [im Mittelalter Ehefrau] verkaufen die ehedem Prof. Martin Kügelin nach obiger Urkunde zugestandenen 200 fl. [ehemals gegen Zins verliehenes Geld] an Doctor Christoph Eliner." Aus diesen Angaben könnte man schließen, dass Ursula älter als Ottilia war und vielleicht beide zeitweise als Haushälterin bei ihrem Verwandten Martin arbeiteten, zuerst Ursula, die dann heiratete, danach bis zum Tod Martins die jüngere Ottilia. Ein sicherer Beleg liegt nicht vor. Außerdem gibt die Urkunde noch einen anderen Hinweis; sie belegt, dass Martin Kügelin öfter der Fakultät Geld gegen Zins geliehen hat und sich auch an Stiftungen beteiligte. Diese Gelder kamen nach seinem Tod in entsprechender Weise den Erben zu (nach „Urkunden der Universität Freiburg Bestände A 001 und A 104)[104].

---

[104] Siehe oben Seite 170 f.

Tod und Beerdigung

Martin Kügelin starb am 1. September 1559 im Alter von etwa 55 Jahren. Er wurde in der damaligen Universitätskapelle des Münsters in der tumba prima bestattet.[105] Zu seinem Epitaph gehörte ein Bild, das den Gekreuzigten in Gottes Schoß und umgeben von Heiligen und Engeln darstellte. Über dem Bild befand sich eine Überschrift, die auf das Leitbild seines Lebens hinweisen dürfte:

Vive, ut post mortem vivas. Bonorum enim laborum gloriosus est fructus et quae non concidit radix Sapientiae (Sa. III 15):

(Lebe so, damit du nach dem Tod weiterlebst; denn die Frucht guter Taten ist ruhmreich und so beschaffen, dass die Wurzel der Weisheit nicht zusammenfällt, Weisheit Salomonis, III 15).

Unter dem Gemälde fand sich in lateinischen Versen die Würdigung der Person Martin Kügelins und seines Wirkens:

---

[105] „In der Universitet chörlin seind two grebtnußen und ziben grabstein, tumba prima und tumba secunda, sodann vor dem chörlin gegen den chor umbgang mögen drei sepulturae noch geacht werden, as tumba tertia, quarta et quinta; die letsten Herrn proceres unversitatis so daselbst begraben, seind diese: Dr. Martin Kügelin, obiit anno 1559 und ligt in tumba prima ...". Aus einem wörtlichen Protokoll der Senatssitzung vom 24.5.1569 (Freiburger Münsterblätter, 3. Jh. S. 34., Abschnitt: Kleine Mitteilungen und Anzeige).

In veterum scriptis sua qui solatia ponit,
praebet is ingenio symbola chara (clara) suo.
Semper ad hanc metam Martinus Kügelin ibat,
eximius studii Doctor apostolici.
Cui fluxam tenera mundavit tramite vitam,
Cuius in hoc t umulo corporis ossa jacent.

Obiit I. die Septembr. Anno Dni MDLVIIII.

Er widmet den antiken Schriften seine Neigungen,
zeigt mit seiner Intelligenz gefällige Eigenschaften.
Immer ging Martinus Kügelin an diese Grenze,
der herausragende Doktor der Theologie.
Er hielt auf feinem Weg sein bewegtes Leben rein.
In diesem Grab ruhen seine Gebeine.

Er starb am 1. September anno Domini 1559.

Das Bild war 1779 nicht mehr vorhanden; doch die lateinischen Texte wurden handschriftlich überliefert und fanden sich in der Heidelberger Universitätskapelle, vgl. Kraus, Franz Xaver.

Literatur
(in der Regel Internet)

Horst Ruth: Personen- und Ämtergefüge der Universität Freiburg, Dissertation, 2002.

Dr. Heinrich Schreiber: Biographische Mitteilung zur jährlichen Gedächtnisfeier an der Albert-Ludwig-Hochschule zu Freiburg, 1837: Heinrich Loriti Glareanus.

Dr. Heinrich Schreiber II: Die Geschichte der Stadt und Universität Freiburg, II. Teil, VII. und VIII. Lieferung, Von der Kirchenreformation bis zu Aufhebung der Jesuiten.

Heinrich Hermelink I: Full Text der theologischen Matrikeln Tübingen.

Heinrich Hermelink II: Die theologische Fakultät in Tübingen vor der Reformation, Tübingen, 1906.

Franz Xaver Kraus: Die Universitätskapelle im Freiburger Münster.

Johann Roeder, Erasmus Eber: De colloquio Wormatiensi Ad.o.R, 1974 (Ausgabe 1).

Johann Roeder et Josè Maria et Fonseca de Evora: De colloquio Wormatiensi Ad.o.R inter Protestantium et Ponteficiorum Theologos, 1970 (Ausgabe 2).

Johannes Kingsatter: Autobiographie in Lateinisch, aus den 1530-er Jahren, Mh 891a, Universität Tübingen.

Michael Beringer: Rettung der Teutschen Biblischen Dolmetschung Dr. Martin Luthers Wider die Offenbahre unverschampte Unwahrheit Melchior Zangers.
ANNO M. D. C. AIII (1603, Originalausgabe).

Urkunden Universität Freiburg: Bestand A001, Nr. 0787 und 0788. Auch Urkunden Bestand A104 , Nr. A 194, 183 und 203.

Tina Braun/Elke Liermann: Freunde, Feinde, Zechkumpane – Waxmann Verlag GmbH: Bücher.

August Engelhardt: Birkenfeld, Die Geschichte des Ortes und seiner Bewohner, 1980.

Helmut Vester: Als Birkenfeld noch ein Flecken war, BoD, 2014.

Dank möchte ich sagen:

Die Publikation dieses Buches wäre ohne Hilfe nicht zustande gekommen. Sie war mir jedoch außerordentlich wichtig. Dafür danke ich ganz herzlich unserem Freund Dr. Ulrich Ludwig aus Pforzheim, der sich zum zweiten Mal für Birkenfelder Texte eingesetzt hat. Schon die Bereitschaft mitzuarbeiten hat mir den Mut gegeben, mich überhaupt an diese Arbeit zu machen; er übernahm das Lektorat, das Layout und die Umschlaggestaltung.

Die Hilfe meiner Frau Johanna begann schon bei der ersten Entzifferung der schwer lesbaren Handschriften und half bei den verschiedenen Korrektur-Lesungen der in Druckschrift wiedergegebenen Texte. Auch ihr gilt mein ganz herzlicher Dank.